深淵

ただ何事も、もとつ心のなほきにかへりみよ

上村 武男

人間社

目次

第二章／ことば編――真淵はなにをどう語ったか

序

忘れられた詩人思想家

およそひとは、そのときと場において、たまたま偶然のようにして出で立ち、そうしていったん踏み出したからにはかならず踏み迷い、やがて何事か知り覚えたかとおもう間もなく、もういっさんに還り行くのである。いったい、どこから出で立ち、どこへ還り行くのであろうか。そうした思索と体験の大波小波、繰り返しが人生であろう。たとえ、二十歳でいのち尽きようとも、百歳まで生き長らえようとも、このことになんら変わりはないのである。

いま、これから語ろうとする江戸の国学者、歌人、詩人思想家である賀茂真淵《かものまぶち》の人生についても、同じことがいえるはずである。かれの生涯の経歴の在りようと、それにともなう思想形成のすがたを探求してみたい。真淵はいかにして真淵となったか——それを考えながら、そこにおいて、真淵というひとりの人間の形成過程の輪郭が、おぼろげにも、明らかになることを願っている。

真淵は、十八世紀を中心とした日本の近世江戸期の国学史において、契沖《けいちゅう》、荷田春満《かだのあずままろ》、賀茂真淵、本居宣長《もとおりのりなが》、平田《ひらた》篤胤《あつたね》という系譜のなかに列せられるが、そのじつ、ほとんど知られることがない、忘れられた——少なくとも宣長、篤胤にくらべれば段ちがいに論じられることのない人物であるといってよい。この不当な忘却はなにゆえであろうか。探求のなかで、明らかにしていきたい。

真淵は真淵として、独自に優れたわが近世の「詩人思想家」——全体、茫洋としてつかみどころがないようにおもえるが、潜り込んでよくよくみれば、どうしてどうして、なかなかにおもしろく味あり、情念的で魅力ある人物像であることを、述べ伝えたいとおもう。

真淵には、晩年のいわゆる「五意考」があり、それは「歌意考」「国意考」「語意考」「文意考」「書意考」とされている。しかし、わたしは「新五意考」——真淵の思想五部書として「冠辞考」「万葉考」「歌意考」「国意考」そして「祝詞考《のりと》」の五考を挙げたい。ここにこそかれの学問の精華がある。学問といっても、かれの手に掛かると、体系とか論理を構築するというよりも、いわばすべてが随筆的な味わい、詩的文体によって成っているので、そこがなんだか学的把握に不向きなのであろう。しかし、わたしが真淵を最深の敬意をこめて「詩人思想家」と呼ぶわけも、かれが歌学と国学、詩と真実の境に立つひとというところにある。

真淵は一般に国学者——いにしえの道の、万葉主義＝古代主義の古典学者と呼ばれるが、学者というよりは元来の性情は芸術家であり、また、ひとり創作にふける孤独な芸術家というよりは、多くの多種多様な門人を惹き寄せたひそやかな教育者でもあり、本性はまことに詩的なことばの思想家であるのかもしれない。そこがまた、時代を超えて、たまらない人間的魅力を発散させているゆえんであろう。哲人的風格といってもよい。

かれのすべての営為は、畢竟、「ことば」をめぐって回転するといっても過言ではないのである。かれの晩年の作品にみられる、和文脈のうつくしく流れるような、打ち重なりつつ波打つような、文体の諧調・香り・雰囲気というものに、それがいちばん如実に現われている。いいかえれば、この真淵の文体の気配、すなわち独自のレトリックこそが、かれの思想・文学の体臭であり、体温であり、その味わい、声調なのである。思想・文学などというものは、そのような文体の気配としてしか、他者に伝導しないとわたしは考える。

この本の構成をいえば、経歴編はことば編への導入部（いわば伝記的入門編）、研究編は、研究というのも大げさだが、ことば編への補稿という位置にある。つまり、ことば編が本書の中心である。とはいっても、賀茂真淵などよく知らぬという読者には、経歴編が中心となろう。わたしはいっさいのアカデミズムとは関わりなく、真淵の研究者として飯を食っている者でもなく、ただ一介の現場の老神主として、歌好きで思索型の人間が、やっと出遇《であ》うべきひとに出遇ったな、というおもいを、いわば一種の古典エッセイのかたちで綴ったのである。どの部分から読んでもらってもよい。出会い編には、真淵を読みすすめ、本稿を書きつぐ日々に詠んだ拙歌をまとめた。歌が好きなひとは、ここから入ってもらってもよいかもしれない。出会い編は補遺もしくは付録である。

詩的言語の思想家賀茂真淵をつかまえろ、まるごと抱きしめろ、とひたすら念じて、この本を書いた。ことば編がいちばんはじめにできた。それを補完するべく、歌稿と経歴編と研究編を書いた。ともあれ、詩人思想家真淵をまるごとつかまえろ――その祈願の声が、読む者の胸に響くならば、と念じている。

ただ、相遇うべくしていままさに真淵――このひとりに出遇ったばかりにすぎないというのに、わたしの身はすでに老いさらばえ、足萎え、眼は視野のなかば以上を失い、息たえだえに帰途を急ぎすぎつつあるを、如何にせん。

願わくば、あの真淵と宣長の出会いを照らした「松坂の一夜」の部屋の行燈ではないが、時代の暗夜をほのかに照らす行燈の黄色い薄明かりほどの光明を、本書がもち得んことを。

序にいうべきことはほかにたくさんあるような気がするが、いずれにしても、真淵というひととその文学・思想の世界が、二十一世紀の現代にあっても、香り高く、口に含んで美味で栄養ゆたかな一個の果実であることだけは、信じてよいのである。人間存在のはるかなる自然体――真淵が目指したものは、それではないか。わたしはおもう――あれこれ考えるべき対象ではなく、むしろあらゆる考えが出てくるその元にある純粋な経験の果実というべき世界をこそ、真淵は求めたのであろう。かれの理想的古代主義とは、そういうものである。

〈吾れにして
ひそかにも
遥かなる世の弟子たらん
資格はありや

詩人思想家
賀茂真淵よ

没後遥かの門人と
ひとりし思ふ
吾れなれど
真淵　汝は許せしや〉

第一章

経歴編——真淵はいかなる人生を生きたか

一、出で立ちの時――浜松在郷時代（学習期）

のちに賀茂真淵と呼ばれることになる岡部庄助は、江戸の中期、元禄十年（一六九七）三月四日に、遠江国《とおとうみのくに》敷智《ふち》郡浜松庄岡部郷伊場村（いまの静岡県浜松市東伊場一丁目）の地に、父政信と、母（遠江国長上《ながかみ》郡の郷士の娘・名前不詳）の次男として生まれた。長男は早世したという（父と先妻とのあいだに男子があったが、これも早世した。この男子も含めていえば、三男ということになる。真淵は後妻の子であった）。妹がふたりあった。

父はこの地の氏神賀茂神社の神官であったが、庄助が生まれたころ（父三十四歳）には農業に従事していたといわれる。おそらく、貧乏神主のつねとして、そうしなければ食っていけなかったのであろう。よほど大きな神社でないかぎり、むしろ、そういう兼業もしくは転業がふつうであったのにちがいない。

当時、両親は賀茂神社からはすこし西に離れたところに住んでいて、その場所は、いま「賀茂真淵誕生の地」として小公園になって顕彰碑がつくられている。すぐ北には、真淵を祀る縣居神社、それに隣接した浜松市立賀茂真淵記念館のある段丘がつづき、南は、はるかに海、遠州灘である。

真淵の父が神主を務めていた浜松の賀茂神社

大きな段丘を背にして、遠州灘を望む、眺望よく温暖な気候に恵まれた野のなかで、少年真淵は育った。野を駆けて遊び、田畑を耕す親や近所の百姓の暮らしを目の当たりにしながら、ときにはそれを手伝いつつ、四季の移ろいとともに幼少の日々をすごしたことであろう。そのころの伊場村の農家はほぼ五百戸、浜松宿千三百八十六戸であったという。この遠州浜松は、地理文化的に、むかしの都・京都と当時の都・江戸とのちょうど中間という位置にあった。そして、この幼少期の自然環境のなかでの経験が、のちの真淵の思想形成の大きな基盤となるのである。

真淵は、真淵という名（名号）を名乗るまでに、幼名を庄助、三四《そうし》また参四といい、二十代では政躬《まさみ》、政藤《まさふじ》、政成《まさなり》、春栖《はるすみ》などといい、三十代になって荷田春満に師事し、淵満《ふちまん》、衛士《えし》、真淵というようになる。漢詩をつくるときは茂陵《もりょう》、淞城《しょうじょう》ともいった。じつに転変はげしく、ややこしい。最晩年から死後は、真淵の隠居の名前「縣居《あがたい》」を冠して、縣居翁と呼ばれる。しかし、本居宣長も平田篤胤も、いくつかの名前をもっていた。当時は、それで当たり前なことでもあったのであろう。

真淵のごく幼少のころのことは、ほとんど伝わっていない。ただ、六歳のとき、岡部政盛という親戚筋（姉婿）の家へ養子にやられるが、跡取りが生まれて生家にまた戻ったという。経済的事情や家系の保持など、理由はいろいろとしても、養子縁組というものは、当時はけっこう社会的慣習として行われた。真淵の父も、養子であった。それかあらぬか、真淵はこのあと、さらに二度も婿養子となるのである。

ところで、真淵少年十一歳、個人史において重要な、最初の出来事が起こる。学びのはじまりである。浜松の大社諏訪神社の神主に、杉浦国頭《くにあきら》という者がいた。かれは荷田門下で、その妻は荷田春満の姪に当たり、真崎《まさき》といった。その真崎のもとで、真淵少年は手習いをすることになったのである。おそらく、歌を手本にした読み書きである。江戸の当時、小学校も中学校もない。学びといえば、寺子屋か家塾（私塾）に通うほかなかった。真淵も、杉浦の家塾の塾生になったのである。その若き、当時十八歳の真崎師匠に、少年真淵を詠んだ歌がある（本書では、引用の歌や文章に、読みやすさを考慮して、濁点・句読点を付した場合があることをお断りしておく）――

いつしかもはやおひ立て二つ三つけふ書初るみづぐきのあと

また、真淵の父も母も、歌の素養があるひとであり、父の歌に、

庭の面にあとこそ見えぬ萩のはのそよぐや秋の風のかよひ路

かれ立る木々にまじりて秋の色の残るも淋しのきの山柿

というような作がある。さらに、明和元年（一七六四）、真淵晩年六十八歳の名作「歌意考」には、「おのれいとわかかりけるとき」とはじまる、こんなエピソード、回顧のことばがみえる――

わたしがごく若年のころ、母上の前に古い歌の集があって、そのなかに「いにしへのことはしらぬをわれみてもひさしくなりぬあめのかぐやま」「ながらふるつまふく風のさむき夜にわがせの君はひとりかぬらん」「いとどしくすぎにし方のこひしきにうらやましくもかへるなみかな」「あるときはありのすさみにかたらはでこひしきものとわかれてぞしる」「人のおやの心は闇に在らねども子をおもふ道にまどひぬるかな」など、そのほかにも多くの古歌があった。母上のいうには、このごろお前たちが習うという歌は、いまふうでわたしにはよくわからないけれど、「この古き世のなるはさこそとあきらかにて心にもしみ、となふるにもやすらかにみやびかにきこゆるは、いかなるべきことか」そのわけを先生に聞いたかい、と。わたしは母上のいうことがわからぬではないが、それでも「くだれ

る世ながら名高うおわする人たちのひねり出たまへる歌なるからは、さるよしもあるらめ」と考えながら黙っていると、父上が横から覗いて、「いで物ならふ人はいにしへにかへりて学ぶものとこそ、賢き人たちも教へおきたまえれ」などとおっしゃる。よくはわからぬながら「承りました」といって、その場をあとにした――

後年の回想ではあるが、少年真淵の家庭環境の一端を髣髴とさせる話である。父は、体格のいい、大柄のひとで、当然ながら家父長的であり、母は信心深く、利他的な精神のもち主であったという。

若き真淵の浜松在郷時代において、重要な人物としては、この両親のほかに、ふたり挙げることができる。杉浦国頭と森暉昌《てるまさ》である。このふたりはともに、浜松に鎮座する徳川家の産土社である諏訪神社と五社神社それぞれの神主で、また荷田春満の新しい、若き門人でもあった。ふたりは親しく、真淵の父とも親交があった。そんなわけで、少年真淵は、しぜんと杉浦家、森家に出入りするようになり、そこで開かれる歌会にも参加しはじめる。少年真淵が青年真淵へと移ろいゆく過程で、いきおい古書に親しみ、歌や文章をみずからつくるようになるのである。

まず、書いていまに遺るのは、享保五年（一七二〇）、真淵二十四歳のときの、賀茂神社を寿《ことほ》ぐ一文である。政躬の名で記した、雨乞いの祝詞でもある。最初に遺るのが祝詞というのも、いかにも後年に「祝詞考」を成すことになる真淵らしい。もっとも、なにぶんにも若書きで、ことばが浮ついたところもあり、文体も万葉仮名を使った、正式のいわゆる宣命体《せんみょうたい》の祝詞文ではないが、それはたとえばこんな文章である——

ちはやぶる神のおほんめぐみは、あしびきの山よりもたかく、わたつみのそこよりもふかくして

と書き出し（ふつう祝詞は「掛け巻《まく》も畏《かしこ》き…」と書き起こすのであるが）、

御社のけはひもいと神さびて、老木の松千代もかげを君にそへさし、杉のこだちはなほき御世のすがたを見せ、御池の水は見るに涼しくて、濁れる人の心もすみぬべし

と承《う》けて、さらに、

されば、咲きみてる花の色ににほひて、玉垣にいとどしくやはらげる光をまし、夏はあふひのかつらをかみにかけて、かみよもかはらぬかざしをあふぎ、秋は夕月にはえて、紅葉の色さながらまばゆきを、おほむ神の高き御けしきとおぼえ、冬は風にちりかふ木の葉をみるにも、ちりにまじはることわ

りをしり、折にふれ、時にしたがひ、見る物、きくもの、何れか御めぐみとあがめざらめや

と展開させ、結尾は雨乞いのことばを添えて、

あはれみ給へ、雨たまへ、雫たまへと、おそれみおそれみねぎおもふことしかり

と結んでいる(おそれみおそれみ、というのは「恐《かしこ》み恐《かしこ》みも申《まお》す」という、祝詞を締めくくることばであるが、真淵は「おそれみおそれみ」と訓《よ》んでいる)。

頼まれて筆にしたものだが、父が神主を務めた賀茂社を愛でて、雨乞いの祝詞風に書いてみせた、田舎の優秀な一青年の作文といった趣きがあるといってよいであろう。まだ、後年の詩人思想家真淵は顔を出さない、若き在郷時代の、自然に囲まれた生活と学習の面影である。

また、この時期の特筆すべき出来事としては、諏訪神社の杉浦家で開かれる歌会に出て歌を詠むようになることと、二度の結婚とその事情であろう。

句会や歌会という、座・結社による寄り合いは、現代でもあちこちで開かれているが、それは古くからみられ、たとえば神社の神主などは、江戸時代、郷党の師父、一郷の知識人として、地域の文化

的な中心に位置したのである。寺院の僧侶もそうであったかもしれない。若き真淵を学習の場に導き出したのも、そういう諏訪神社の神主杉浦国頭とその妻真崎にほかならなかった。杉浦家の場合、結社や流派というほどのものではなかったかもしれないが、「和歌会定め」というものはあり、それによれば、「歌ににたるこしをれのことのは」をつくり楽しむ集いも、いまは三年四年になり、「人々いひかはして、せめて月々にひとひは打ちむかひわたり、色のなきことの葉ながら、もてはやし侍らんなど契りて」さらに、「その家々のわざにおこたる事なく、その身のつとめわするる事あらずして」——と、そういう契りを結んでいた。家業を怠らず、せいぜいこの会にも出席してお互いに励みましょう、と。これは享保七年から十二年までの「杉浦家和歌会留書」という記録に出ている。そのなかに、

長閑しなけさは霞も空にみつやまと嶋根の春もしられて　賀茂政藤

と、真淵の歌も採られている。政藤はこのころ真淵が使った名号である。ときは享保七年、真淵二十六歳であった。そしてこのころには、この歌会で荷田春満（当時五十四歳）にも出会っている。歌会は、真淵の自宅でも開いたことがあり、世話役も引き受け、ほかに歌作も多くあった。ただし、若いときの歌はほとんど真淵自身で焼いて捨ててしまったという。およそ若い日々は、そういうこと

の繰り返しである。

いずれにしても、学習の機は熟しつつあったというべきであろう。そして生活面でも、岡部政長（父方の従兄）の娘「やう」と結婚。こんどは婿養子というかたちながら、親戚筋の養子として新しい人生の第一歩を踏み出す。やうは十六歳、真淵は幼いころからやうのことは知っていたであろう。ひそかに想いを通じていたかもしれない。義父となる政長は武士で、しかも詩文に秀でていた。新妻はその娘であった。

ところが、その新妻が、結婚生活一年にして、突如、病死してしまう。江戸時代は、人生五十年といわれたかもしれないが、真淵にとっては、あまりに理不尽な、無残な、不運であった。妻が亡くなったのは、享保九年九月四日、真淵は二十七歳であった。人生最初で最深の痛恨の出来事であった。真淵は、きっと、幸か不幸か彼女のことが、後々までずっと忘れられなかったのである。

後年の真淵の歌に、こんなのがある――

故郷は春のくれこそあはれなれ妹にゝるてふやまぶきのはな
故郷の野べ見にくればむかしわが妹とすみれの花咲きにけり
遠つあふみ浜名の橋の秋風に月すむうらをむかしみしかな

今もかもこじまがさきににほふらん君に、るとふ山吹のはな

これらはすべて、おそらく亡き先妻をおもって詠んだ歌ではないだろうか。

それなのに、明くる年には、ふたたび三たび、こんどは浜松の本陣梅谷家の娘「いそ」と再婚し、婿養子となっている。こんなに度重ねての養子縁組というのは、もとより真淵の意思ではなく、岡部家の本家・分家、あに・おとうとなどの複雑に入り組んだ事情によっての、やむをえない選択なのであった。ちなみに、真淵は次男であるが、長男は夭折しており、ふつうならば真淵は跡取り息子となるはずだが、なぜか、真淵を養子に出して、そのあとへ、親戚筋（父の兄の子）を養子に迎えている。ややこしい話である。真淵に鬱情がたまるのも、無理からぬことである。

実際、真淵は最初の妻を亡くして、その喪失感に堪えられず、どこか禅寺に籠ろう、いっそ出家しようとするが、親の反対で果たせずに終わったと、後年、平田篤胤が「玉襷」で述べている。あながち、つくり話ではないであろう。

真淵自身は、中年にいたって、故地浜松へ帰郷した折の紀行「岡部日記」のなかで、亡き妻を悼み、命日に墓参りをして昔日を偲ぶ哀切な一節を書いている（ことば編十一を参照されたい）。

真淵の生活的側面は、早い時期から一種憂いに満ちたものであった。その極めつけが、三度の養子

縁組である。三度目の縁組は、前述のとおり、浜松宿の本陣、梅谷家へ婿養子に入るというもので、本陣——藩主や公家などが旅するときに宿にする屋敷、旅館——の若旦那になったのである。格式はあるとはいえ、そんな商人のまねごとが、歌好き、本好きな、ひょろっとした文学青年の真淵に、務まるだろうか。

若き真淵は、再婚の妻とのあいだに息子真滋《ましげ》をもうけるが、煩悶しつつ、この境遇からの脱出を試みることになる。故郷を捨てるのである。いちばん捨てがたい、大事なものを捨てなければ、ほんとうに出で立つことも、新たな歩行に踏み出すこともできないのであった。

故地を離れ、京都の伏見稲荷大社にいる荷田春満に師事するときが、近づいていた。

二、踏み迷う道――京都遊学・江戸彷徨時代（歌学期）

いったん、出で立ったなら、行きつくところまで行かなければ、行って何事かを知り覚えなければ、そうしなければ還る道はない。還るためにこそ、ひとは道に踏み迷うのであるかもしれない。それにしても真淵の踏む道は、容易ならざるものであった。

だいいち、上京の時期も、荷田春満への入門も、いつのことであったのか、諸説あってよくわからない。その前に、はたして真淵は妻子を残してどうやって故郷を脱出したのか。それさえもさだかではない。そして、そうしたところには、伝説が生まれやすい。たとえば、こんなふうに――

享保十八年［真淵三十七歳］京師にゆき荷田春満に就きて教を受く。初め翁京師に出て学問せんと欲し、密に父に試み問へど受けず、且家事遁れがたく、ここに於て如何ともなすべきなく、嘆息して患ふ。妻其意を察知し、翁に謂て曰く、良人京師に出でて学問せんと欲し給ふ気あり。されども家事ありて、出づる能はず。故に躊躇し給ふ。患ふることなかれ。妾よく家を護り、万事よく務めん。かかる偏郷にて数年を経たりとて何の為す事かあらん。君実に不凡の才あり。密に家を出て志を遂げ、名を天下に顕はし給へ。これ妾が希ふところなりと。ここに於て、翁其気に感動し、万事を託して家を出で、奮然として志を立つ。翁の妻に此人あること奇遇といふべし。学成りて帰るに至るまで、欣々として
よく家事を護り、貞操厳然たり（「近世三十六家集略伝」）

よくできた話――妻は貞節にしてしっかり家を守り、夫は大いなる志を立てて、ついに天下に名を成すべく京へ出たという、立身出世を果たした人物の、絵に描いたような逸話である。しかし、こういう儒教倫理的に拵《こしら》えられた逸話が、はたして「修辞立誠」を信条とした真淵に似つかわしいかどうか。眼を凝らしてみるべきであろう。

享保十八年（一七三三）より前にも、真淵は何度か京に出ているが、享保十八年以降には、伏見稲荷の荷田春満の屋敷で開かれた歌会において、詠草を出している。翌十九年は、まさしく「賀茂真淵」と名乗って、はじめて詠草した年に当たっている。その意味で、享保十九年は大いに記念すべき年である。真淵が「真淵」として、われわれの前に登場するのは、ようやくここからなのである。「荷田春満門人和歌会詠草書留」には、

雪とのみあすや砌の花桜けふふりはへて人のとへかし　　春栖

夕月よ卯花山のほととぎすほのかなる音も世に似ざりけり　賀茂春栖

とあり、享保十九年四月に、

知理能口屡波奈乃可登咩武伽筮塢陀爾許府礼婆等母之南菟能辞芽也麿

賀茂真淵

と、はじめて「賀茂真淵」の名号が記されている。万葉仮名書きの歌である。ひらがなに直せば、「ちりのこるはなのかとめむかぜをだにこふればともしなつのしがやま」となろうか。

歌はそれほどよい作とはおもえないが、とにかくこうして、かれは歌学を荷田春満の門下生とともにいろいろ吸収してゆく。真淵は、浜松で杉浦国頭を通じて荷田春満にはすでに会っており、上京していきなり荷田家の歌会に顔を出すようになったのではない。歌学ということでは、浜松と京都は、真淵のなかで繋がっている。というか、浜松在郷時に潜在的であったものが、上京してようやく顕在化したのであろう。荷田門に入ったということは、そこでなにを習ったというよりも、その顕在の契機を意味するのである。

享保二十年、真淵三十九歳になると、早くも「百人一首」の講義を、荷田門下のひとを相手に行っている。ほとんど、師の代役が務まるまでになっていたのであろう。荷田門での真淵の信望は、たしかなものとなりつつあったといえる。もちろん、真淵の側に、それだけの才智と人望が備わっていたのである。当時の真淵は、漢詩も能《よ》くしたようで、とにかく詩歌の素養、感性には相当なものがあったことがわかる。

ところで、そんな真淵は、京都で、どんな暮らしをしていたのであろうか。住居は？　生活費は？　日々の食事は？　交友は？——残念ながら、真淵自身が記録を残していないので、ほとんどよくはわからない。現代からは二百五十年も三百年もむかしの都市生活者が、ひとりで暮らすにはいかなる生活の要件が考えられるであろうか。近世の文人（知識人）の暮らしぶりを調べてみればおもしろいであろう。あんがいにそれは、現代とくらべて隙間も逃げ場もある、自由で奔放なものだったような気がする。江戸の世において、社会的身分と修身斉家の儒教的倫理の呪縛から、ひとびとは容易には逃れられない。政治制度的には、徳川幕藩体制の枠から飛び出ることは、ほとんど不可能に近い。それにもかかわらず、文人たちは、常軌を逸する。真淵も、その常軌を逸した人物のひとりであったのかもしれない。しかし、そこにこそ、かれには「踏み迷い」の道があった。故郷を捨ててなお捨てきれない二律背反の道もまたあったのである。学問的志向と現実的生活との裂け目に落ちて苦悶する道なき道があった。

実際、真淵は上京してからも、年に一、二度は故郷浜松へ帰っている。実父はすでに享保十七年に七十六歳で亡くなっていたが、実母は老いて故郷の家にいた。その母をなぐさめるための帰郷であった。

しかし、四十も近くなって「古《いにしえ》の学《まなび》の道」はなにほど明らめられたというのか、真淵の煩悶は尽きることがなかった。享保二十年の真淵に、当時の心境をよく伝える、「歳晩歌」というこんな長歌がある――

あしびきの　山がつながら　橋の　なり出にける　をのみとて　はなりをすぐり　角子を　過ぎておのれと　ますらをの　一つ心を　ふりおこし　四方にもわたり　古の学の道も　ふみ見ずば　人とあらじと　青雲の　おもひしあがり　白雪の　としもふりつつ　ことしし　四十ぢにもちかき　冬深み　雪は散りつつ　春近み　梅はふゝめり　其雪の　友待つが如　其梅の　春待つ如　待つことも有て都に　行かへり　稲荷の森の　すきすきに　しるしもあれと　願ふ也　しかはあれども　遠つ淡海　わぎへにかへり　ことしあれば　あはれあなうとなげきあまり　吉野の川の　よしやとはいはれの海の　云ひわかち　思ひやれども　母刀自の　老ぬるみれば　はらからの　なげかくきけば　青雲

　の　高き心も　白雲の　消かへりつつ　せんすべの　たどき知らねば　ことあげて神にぞなげく　言立て　霊をぞまつる　あはれ年月

真淵は、柿本人麻呂の長歌を高く評価し、自身も生涯に長歌を三十編ほどつくっているが（ことば編六を参照されたい）、短歌でも漢詩でも表現しきれないような想いを、かれはこうやって長歌のかたちでいい表わそうとした。

意訳すれば、「山里育ちの田舎者だが、成人して一念発起、古の学の道を究めようと、青雲の志を立て、幾年月、春夏秋冬、都の伏見の稲荷の森に歌を学ぶ身となり、その成果も願うのである。しかしながら、遠州浜松の我が家に帰れば、身に沁みて憂いが襲い来る。いよいよ老いゆく母上をみるにつけても、親族兄弟の嘆く声を聞くにつけても、せっかく立てた高い志も、雲の消えかかるように消えてゆくのを、どうすることもできない。神に申して嘆こうか、祀る先祖にいい立てようか、なんとも切ない年月であることよ」というほどの内容である。四十にもなって、いまだ身の定まらぬ己を嘆く真淵である。

しかし他方、ゆかりあるひとたちとの、優雅な会に顔を出して、歌文をつくることも忘れてはいない。当時、漢詩を習っていた遠州の渡辺豪庵の縁で、青楓亭《せいふうてい》という、庭に種々の立派な楓もみじを植え込んだ屋敷で、渡辺豪庵、杉浦国頭、その妻真崎、柳瀬方塾《やなせみちいえ》、森暉昌、その娘繁子、斎藤信幸といった、真淵在郷時代のおもだった面々とともに、享保十九年の三月に開かれた雅会がある。その折の記録冊子に、真淵は「茂陵　賀茂真淵　浜松」と署名して「青楓亭の辞」という一文を書いている。茂陵は漢詩をつくるときの真淵の名号であるが、文は漢文ではなく流麗な和文である。こんな一節がある——

百つたふいくらそこら、庭もしみみに植えたり。時にかたへの人いふ、時しもあらぬ色は、ことなるを好むとやいふべからむと、やつがり曰、しからず、およそ木の葉のかかる色あるも、天地のなせるつまでにあらずや、其時の人にして、その時の天地にならふ、何のたがふことかはあらむ

これも意訳すれば、「数え切れないほどにも、たくさんのさまざまな楓もみじが、庭いっぱいに植わっている。それを眺めて傍のひとが、珍しい、色とりどりの楓の品種をここのあるじは好むということだな、という。恐れながらわたしはいう。そうではない、だいたい、木の葉がこのようにさまざまに色づくというのも、天地自然の為せるしるしではあるまいか。いまいるこのときにあって、ひとはそのときの天地自然に倣うのである。どうして、自然の彩りと人間の営みとのあいだに、ちがうことが

あろうか」となる。

こういうところには、真淵後年の、詩人思想家らしい自然論の萌芽のようなものが、つくしが土のなかから顔を出すように、ひょっこり顔を出しているとみることができる。しかし、京都遊学時代の真淵は、いまだこれといった思想的基盤があったわけではなく、むしろ、大いなるディレッタント（好事家）であった。歌学を中心とした日本文学の古典をめぐる、ひとりの知的遊民であった。事実、元文元年（一七三六）真淵四十歳のときの、帰郷した折の紀行「旅のなぐさ」は、そういう古典の引用で満たされている。日本紀、万葉、古今、後撰、宇治拾遺、無明抄、小町家集、懐風藻、古事記、和名抄、延喜式、風土記、伊勢物語、源氏物語、催馬楽……これでは、どこからどこへ曲がっていってもおかしくはない迷い道ばかりが、広がっていたのではないだろうか。

そうしたなか、真淵は「万葉代匠記」の契沖に出遇う。

「出遇う」といっても、契沖は真淵が生まれて四年後の元禄十四年（一七〇一）には亡くなっているので、真淵にとっては、祖父の世代のひとで、実際に会ったことはない。春満は、父の世代。宣長は子、篤胤は孫世代ということになる。

真淵は契沖になにを学んだのだろうか。

だいたい、何事かを学ぶために、だれかに師事するとか、だれかの影響を受けたとか、感化されたとかという話は、学統や学派や門流や師弟などの関係性にこだわるのでないかぎり、あまり大事なことではないとみたほうがよい。自立の思想、独学の志をもつ在野の思想家は、だれかの弟子であったり、どこかの流派に属したりすること、あるいはひとからそのようにみられることを、嫌う。それでは真淵は契沖になにを学んだか――それは、ただ学問の、つまり歌学の方法をこそ、学んだ。荷田春満には、真淵はなにを学んだのか、国学か、それとも神学か、わたしにはよくわからないが、「創学《そうがっ》校啓《こうけい》」(国学を学ぶ学校を創設してほしいという啓文。「古語通ぜずんば、則ち古義明かならず、古義明かならずんば、則ち古学復さず」と説いた)を書き残したような春満からは、真淵は古学(国学)というより、いわば教育者の志のようなものを、身に学んだのではあるまいか。真淵は、契沖からは古典学についての仕方・考え方を学び、春満からは学者としての生き方を学んだ、といえるのかもしれない。

さて、真淵が江戸へ発つときが近づいて来た。踏み迷った道は、とことん踏み迷っていくほかない。元文二年、真淵四十一歳、ふたたび故郷を遠く離れて、踏み迷うがごとく旅立つときが来た。

江戸の生活をはじめるに際して、頼りになるのは荷田春満に連なる縁故の羽倉家のひとたち(春満の末弟・信名、春満の甥・在満)くらいのもので、ほかにさしたる生活基盤があったわけではない。故郷浜松には、離縁したのではないがすっかり疎遠になったままの養家・梅谷本陣の妻子と、いよいよ老いてゆく母がいるだけであった。それでも江戸彷徨へと真淵を踏み切らせたのは、荷田春満も京都と江戸を行き来する生活であったから、師をまねて自分もまた、古学（国学）を究めたいという、強いおもいがあったのであろう。

しかし、波乱と苦難は必定であった。

だいいち、定住する所も定職もない。故郷を捨てたかなしみが身を襲う。知人の家を転々とする日々。すでに若くはない、四十二という男の厄年がやってきた。本郷湯島の荷田信名家、湯島天神の神主芝崎家、江東の根本家、日本橋の豪商村田春道家などを渡り歩き、それぞれの家で「百人一首」「令義解《りょうのぎげ》」「万葉集」「源氏物語」の講会（読書会、勉強会）を開くなど、学問を怠っていたのではない。門人も、ぽつぽつできはじめて来た。しかし、真淵の心境はおだやかではない。

墨田川人やりならぬもろ舟もくれぬといそぐけふのとし波　　真淵

春をまつやどりは人による身にもつもる年こそおのが物なれ

四十二歳の年の暮れの歌である。そして、元文五年、真淵四十四歳の秋には、一時浜松へ帰郷して、二カ月ほど滞在、その折の紀行「岡部日記」を遺す（ことば編十一を参照されたい）。かれは、これまでにも「旅のなぐさ」を、またこのあとには「後の岡部日記」を書いて、たびたびの帰郷の記録を遺しているが、この帰郷と離郷との魂の往還は、生涯を貫いて絶えることがなかった。近代の詩人伊東静雄に、

田舎を逃げた私が　都会よ
どうしてお前に敢て安んじよう
詩作を覚えた私が　行為よ
どうしてお前に憧れないことがあろう
（「帰郷者」）

という詩があるが、わが近世の詩人思想家もまた、そのように歌ってもよかった。しかし、真淵はただ、

越ゆかばわれことなしとかひがねのあなたにつげよ春の初風

というような、春風に飛びゆく雁に言づけて、遠くふるさとにわが無事を告げる、舌足らずな歌を詠むか、帰郷の記を綴ることしかできなかった。「田舎を逃げた私が　都会よ　どうしてお前に敢て安んじよう」――江戸という大都市の真っ唯中《ただなか》に彷徨いながら、真淵に、真に魂安んじる家はなかった。

年くれて松をもたてぬすみかにはおのづからなる春やむかへむ

年も暮れるというのに、お正月を迎える松飾りひとつ、整えることができない、わが棲家であることよ。ただ、成るがままに、新春を迎えよう――そんな切なる歌が、真淵にある。

ようやく真淵が自分の家を構えたのは、寛保元年（一七四一）、真淵四十六歳のときである。門人となった日本橋茅場町の与力・加藤枝直《えなお》宅の隣に、加藤の地所を借りて、座敷に書斎、台所も土蔵もある家を建てたのである。門人が増え、来客も多くなった。蔵書類や草稿のたぐいも、当然、増えつづける。増えないのは、真淵の収入だけであった。それで、地所を借りただけではなく、金銭の援助をも、加藤枝直から受けた。それでやっと、自分の家が建った。ちなみに、この枝直の息子が加藤千蔭（当時十歳）で、千蔭は早くから歌を好み、のちに村田春海と並んで、真淵門下の江戸における双璧となるのである。

そして、延享二年（一七四五）、真淵四十九歳のとき、浜松に残していた実母が亡くなった。「後の岡部日記」に、その母の臨終のさまが、記されている――

はやく正月二十三日の朝くち、つねならずとてすこしふし給ひしに、やをらおきて手水めし、人々をよびて、一人をうしろにおきてかかへしめ、仏のかたにむきて、あみだほとけをとなへ給ふこゑ、二こゑ三こゑのうちにねむりたまへばすなはちたえ給ひぬ

真淵が母の死の知らせを受けたのが二月三日、浜松へ帰ることができたのは、やっと秋、九月のことであった。

このかなしい帰郷のあった翌年の二月晦日、江東本所あたりから出火した大火が、寒風にあおられたちまち日本橋あたりにも燃え移った。あくる日まで燃え広がった火は、せっかく建てたばかりの茅場町の真淵の家を焼き尽くしてしまった。調度まで手がまわらず、かろうじて「むかしよりこころつくしてかうがへつつ、物多く書そへたる書ども」を蔵から救い出すのが、精いっぱいであった。真淵自身がそう述べている（「賀茂翁家集」）。

さいわい、その罹災のあと、門人たちの尽力によって、以前よりよろしい住居が、年末にはでき上

がった。しかもこの年、これまでの、主として歌学の業績が認められて、真淵は、第八代将軍徳川吉宗の次男であり、幕府参議で詩歌に造詣が深い田安宗武《たやすむねたけ》のもとで、和学御用掛として任官することとなった。江戸城内に屋敷を構える田安邸へ通い、いわば、国家公務員になったのである。最初、五人扶持を俸給された。あたかも、真淵五十歳であった。

三、知り覚えの場――江戸任官時代（古学期）

さまざまなひとが縁を織りなし、田安宗武に召されて、和学御用掛として仕える身となった真淵は、すでに五十歳という、当時としては老人の域に入っていた。しかし、ここからが、まさに詩人思想家としての真淵の、本領発揮であった。いいかえれば、ようやく著述時代を迎えるのである。二十年、三十年と積み重ねてきた歌学のゆたかな土壌のなかから、古学の樹が伸び育つのである。あるいは、容易ならざる経歴を踏みしめ、五十歳という峠に差し掛かり、ふと来し方を振り返り、何事か知り覚える、すなわちみずから鑑み、自覚するときが、ようやく訪れたといえるかも知れない。その最大の契機となったものこそ、田安宗武への任官であった。おもえば、ひとの人生は、まるで偶然のたわむれのようにみえて、なんだか、成るように成っている。その意味ではすべて、どうしようもない必然のてのひらの上の出来事のようでもある。それこそが、ほんとうの「自然」――おのずから然る、ということであるのかもしれない。

峠を越えていく真淵の人生の歩み、思想の在り方を追ってみよう。

五十歳までの真淵の著作として、大事なのは「万葉集遠江歌考」、そして「国歌論臆説」であろう。

四十六歳と四十八歳で成した、ともに歌論である。

「万葉集遠江歌考」は、表題のとおり、真淵の故地遠州に関わりのある万葉歌を十八首選び出して、それを注解したもので、真淵の万葉研究の最初の著作。遠江のひとたちに頼まれて書いたものだが、刊行は真淵の死後はるか五十年後の、文政三年（一八二〇）のことであった。それまで故地浜松の門人や、そのまた弟子のあいだに伝えられてきたのである。

「万葉集遠江歌考」が書かれた翌年には「国歌論臆説」「再奉答金吾君書」というものを、田安宗武に奏上している。金吾君とは宗武のこと、そして国歌とはすなわち「和歌」の意で、唐歌、漢詩にたいするわが国の歌ということである。これは真淵の前任の和学御用掛であった荷田在満《ありまろ》と、田安宗武と、そして真淵との三者で交わされた「国歌八論」論議のなかで書かれた。しかし真淵は元来が、論争的なことが性に合わない人間であって、これらの論考も、あまりできのよいものではない。ただ、そうしたなかで、

凡《およそ》理は、天下の通理ながら、はた理のみにて、天下の治まるにあらず。詩は人のまことをのべ出すに、そのおもふごとくの実情みな理あらんや。ただ理は理にして、それが上に堪えがたきおもひをいふを、和の語にてわりなきねがひといふ。（中略）そのわりなき心をもただにいはば、たれかみなあはれと

せん。詞やさしく声あはれにうたはんなん理の外にて、人情の感ずるものなり（「再奉答書」）

などということばは、いかにも真淵らしいとおもわせる。理ばかりで世のなかがまわっているとおもっているのは世間知らずの「秀才馬鹿」だけで、へらへら論争に身をやつして疲れを知らないのは軽薄な才子にすぎないことを、苦労して五十にもなる真淵は、よく心得ていたにちがいない。ちなみに、真淵は後年、「和歌」ということばを嫌い、単に「歌」といい、「哥」という字を好んで使うことをつねとした（本書ではすべて「歌」で、また「眞淵」は「真淵」で統一している）。

さて、和学御用掛として任官して、真淵がはじめに書き表わしたのは、延享三年（一七四六）、宗武の命による「延喜式祝詞解」。五十歳であった。真淵の思想的出発が祝詞論であったことは、たまたまの出来事のようでいて、じつに必然であった――そういう人生の妙を感じさせる。真淵一個人の思想史においてのみならず、日本の古代研究の歴史においても、真淵の祝詞論は、最初の鑿《のみ》の一打であった。契沖も荷田春満も、祝詞についてまともに論じることはなかったのである。真淵は、祝詞をなによりも古語の宝庫と考えた。つまり、文学的に読んだということである。神道祭祀の儀礼のことばというよりは古代人の詩的言語の優れた表出と考えた。それは、「延喜式」に採録されたいわゆる

古典祝詞二十六編のうち、延享のいまから考えてみれば、
ことばかみさびてみやびかに、こころたくみにしてゆえよしあるは、かむほぎのよごと、おおはらへのことばなり

すなわち出雲国造神寿詞《いずものくにのみやつこのかんよごと》と六月晦大祓詞《みなづきのつごもりのおおはらえ》というふたつの祝詞であると、祝詞解の序で述べていることでもわかる。この二大祝詞こそ、見事な詩的言語の修辞の代表なのである。このことは、漢文脈である日本書紀よりも和文脈である古事記の文体のほうを重んじる姿勢を証明するものでもあろう（ことば編七を参照されたい）。

真淵は、一度も神主になったことはないが、そこらの凡百の神主よりもはるかに深い学殖を身につけていた。それは、こと祝詞論に限ったことではなかった。

宝暦二年（一七五二）、真淵五十六歳のとき、「万葉新採百首解」ができる。これも「やむごとなき仰ごとをかしこくうけたまはりたれば」（「百首解序」）、すなわち宗武の命によって書かれたものであるが、日本最大の詩的言語の宝庫といえる万葉集のなかから、短歌の秀歌百首を選んで、それの注解を試みたのである。いよいよ、真淵、本領発揮のときである。

こんな素敵なことばがある――

学びの道は、いく千とせともなく古きによりぬ、物ごとに、古の人のいへるはよろしくて、いづれの世に用ふるにもめでたければ也

しれ人は、古きふみを見ずして、後の人の私にいふを、よしあしもわかず信ずるは、心を人にあづけたらんが如し、されば、あめつちに従ふ古のことを心によく得て、我和魂をさだめて後、末の世のならはしをも思はば、古の事とても撰むまじきにあらず、後とても捨べからぬこともあることを、おのづからさとるべし

これらは「百首解」の「附て記す」に出ていることばであるが、真淵の古典尊重の態度、古代主義の立場が、かなり明瞭に現れている。もうこのころには、古典の学であり、古代論でもある真淵の古学＝歌学は、その構成を整えつつあったのである。万葉集を注解するということは、真淵において、そういう学が成り立つことであった。このことを強く、はっきりと自覚していたところに、思想家真淵がおり、理想的古代主義の主張の基盤も自信もあったといえるであろう。真淵は、祝詞にしろ万葉

にしろ、単なるそれの注解者にとどまることなく、そこに「あめつちにしたがう」古代のひとのこころとことばを見出そうとした（ことば編七を参照されたい）。

それでは、真淵による万葉秀歌の注解の具体例をいくつか挙げてみよう。原歌と訓《よ》みはそのまま（ただし句切れで表記した）、《注解》部分（読みやすさを優先し、読点を付した）は抄録である。［　］内は著者の補記。

足日木乃　山之四付二　妹待跡　吾立所沾　山之四附二

あしひきの　やまのしづくに　いもまつと　わかたちぬれぬ　やまのしづくに

《注解》

意はかくれたるなし、ただ、山のしづくにぬれて待給ふは、いかなる度のことにや、今よりは計り難し、［この歌は大津皇子が石川郎女に贈ったものである］○吾立ぬれぬ云々は古歌の常にて、いとよろし、同じ語をかさねいふは、ことをしたしくするにて、うたひあげたる時、いとも身に入て覚ゆべきなり

吾乎待跡　君之沾計武　足日木之　山之四府二　成益物乎

あをまつと　きみがぬれけむ　あしひきの　やまのしづくに　なりましものを

《注解》

物の切なる時は、いとせめてをさなくおもふがままにいふ也、かかることは、大よそ人のきききては、いとも理《ことは》りなきを、せんすべなき時は、あはれ何ならましをと、ふとおもはるるを、其ままよむなり、いにしへは皆しかなりとしるべし、此二首［大津皇子と石川郎女との相問歌］は、古の妙なるものなり

若浦尓　鹽満来者　滷乎無美　芦邊乎指弖　多頭鳴渡

わかのうらに　しほみちくれば　かたをなみ　あしべをさして　たづなきわたる

《注解》

只、打みたるさまを、其ままにいひつらねたるが、おのづからよろしくととのひたるもの也

田児之浦従　打出而見者　真白衣　不盡能高嶺尓　雪波零家留

たこのうらゆ　うちいでてみれば　ましろにぞ　ふじのたかねに　ゆきはふりける

《注解》

たこのうらの、山かげの道より打出てあふぎ見れば、真白に雪のつもりたる、ふじの高嶺の大ぞらに秀でたるを、みるままによめるは、自ら妙なるなり、〇真白衣は、ましろにぞとよみて、俗にまっし

ろにぞといふに同じ、然るを、白たへとよみ、末をふりつつとかへて朗詠新古今などに有、白たへは妙の字を借て書きしを、字につきて、白く妙なる事と誤てより、かくみだりになりけん（中略）且終に家留ととめたるも、ましろにぞとよめる故なり、また終を、ふりつつと直したるにつきて、もとあるが上に雪のふりたたる意といへるは、幾日もここに有りて見つつよめることと思へるにや、これは、任に下る時の道にて、此山を見てよめるさまなり、しからざれば、打出とよめる歌の意の妙なることもなくなりぬべし、古は、ただ有のままにいひつらねたるに、えもいはぬ歌となれる、まことをいかで意得ざりけん［この若浦、田児之浦の歌、ともに山部赤人の作、なかなかよろし。注解もまた、真淵のいちばん真淵らしいところが現れている］

淡海乃海　夕波千鳥　汝鳴者　情毛思努尓　古所念

あふみのみ　ゆふなみちどり　ながなけば　こころもしぬに　むかしおもほゆ

《注解》

情毛思努尓とは、心もしなへさまにてふこと也、集中に、草木の靡きしなへるによせて、心もしぬにとも、しのぶともただいひ、人の姿をも、立しなふなどとよめる、人の情にては、常は平らかに、いかれる時はたち、愁ふる時はなよなよとしなへたると也、然るを、物の繁きことを、ししといふを、

草木のうへにいふ時まぎるれば、しのをも繁き事と、おもへる人多き、古語をよくみぬゆゑなり［柿本人麻呂の羇旅の歌］

石激　垂見之上乃　左和良妣乃　毛要出春尓　成来鴨

いはばしる　たるみのうへの　さわらびの　もえいづるはるに　なりにけるかも

《注解》

たるみてふ山に、冬こもれるわらびの、春にあひつつもえ出るに、時を得給ふ御歓びをそへ給へる、よくかなひたるよろこびの［志賀皇子の］御歌也、（中略）何のいはひにも、先こそ唱へつべき御歌也、○石激云々は、集中に、石走、垂水、石流垂水、とも書たり、さて字にては石走滝とある同じ意の詞を、かなに伊波婆之流多芸（いはばしるたき）と書たるあり、それもて推に、石走垂水を、いはばしるたるみとよむべければ、石流、石激、と書たるも、また同く、いはばしると訓べし、集中には、字にてさまざま書たる語を、ひとつの仮名書に、てらし合せて訓ことなり、然るを今本に、此歌をいはそそぐと読しは、例なきよみ也、○垂見の見は借字にて、垂水也、こは摂津国豊嶋郡に有、地名なる事、集中にもみえ、又、新撰姓氏録に、摂津国垂水［いまの兵庫県神戸市垂水］の山の冷水のことをいひ、延喜式・和名抄などにも同国に挙げたり、然るを後世、此御歌を、いはそそぐたるひのうえの云々

と唱ふるは、いと誤れり、猶詳くは冠辞考にいへり

この注解の最後に挙げられている「冠辞考」こそは、真淵のつぎなる代表的著作にほかならない。宝暦七年（一七五七）、真淵六十一歳で成した、冠に来る歌の文句の論、すなわち世にいう枕詞の、豊かで精彩な注解の書である。

古語知らざる者、などか古歌を味わい得ん——万葉の歌を読み味わえば味わうほど、真淵のこころは、このおもいに溢れた。詠まれた当時はだれもが意味内容を了解できたのに、いまの世となっては、どういう意味のことばなのかが、よくわからなくなってしまっている、たくさんの枕詞。これを集中して取り上げ、論じたのが「冠辞考」という著作である（ことば編九を参照されたい）。真淵の古学は、まずもって、古語の学であったのである。そのことを、知り覚える場こそが、江戸の任官時代であったといえるであろう。

しかし、この自覚が真淵に訪れるときは、また、真淵がさまざまな有縁のひとと別れていかねばならないときでもあった。事実、こんなふうにである——

宝暦元年、真淵五十五歳、荷田信名《のぶな》が六十八歳で死去、つづいて荷田在満も四十六歳で死去する。そのうえ、婿養子に入った浜松の梅谷家の妻いそまでが、亡くなる。四十五歳くらいであったという。

真淵は、また、伴侶を失い、独り身となった。つくづく、家庭的な平穏からは、遠ざかる真淵である。

　翌宝暦二年には、森暉昌、宝暦四年には杉浦真崎が、それぞれ享年六十八と六十五で亡くなっている。ともに、真淵の幼少期からの、恩義あるひとたちである。

　そして、だれを置いても挙げねばならない、ふたりの女性がいる——油谷倭文子《ゆやしずこ》と野原りよである。油谷倭文子は、真淵の若き門人であったが、宝暦二年、わずか二十歳で病没した才媛。もうひとりの野原りよは、十数年間、真淵の身の回りの世話をした女性で、宝暦六年、真淵六十歳のときに、病を得て享年四十六で亡くなった。真淵は、油谷倭文子にたいしては、悼歌（長歌）を詠って、その早すぎる死をかなしみ、野原りよにたいしては、祭文（弔辞）を綴ってその死を悼んでいる（ことば編二、およびことば編六をあわせ参照されたい）。

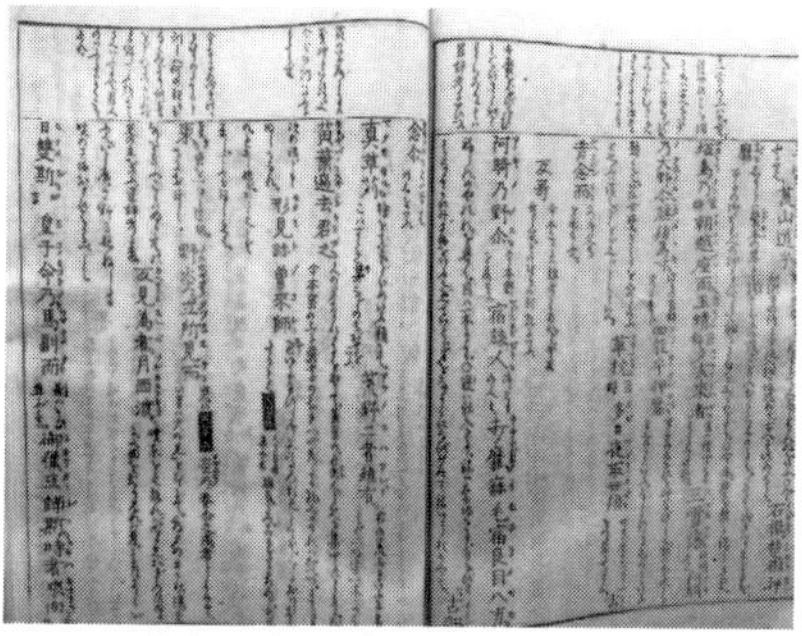
真淵の主著「万葉考」の版本
（浜松市立賀茂真淵記念館所蔵）

　さて、そうした愛別離苦の頻々と連続するなかを、真淵はなおも著述に専念しようとする。書かなければ、真淵は死ぬからである。書くこと、表現すること——それは、かれの生における「業《ごう》」であった。このころは、かれの門人は二百人三百人となって、その指導、書簡による歌稿などの通信添削にも暇なきありさまであった。
その間に、棲家を古風に仕立て、門人らを招いて秋の夜の祝宴を催し、

飛騨たくみほめてつくれる真木柱たてし心はうごかざらまし

と詠った。ようやく、真淵の学問が熟しつつあった。著作としては、宝暦八年に「源氏物語新釈」が成り、ついで、生涯を賭して取り組んだ大著「万葉考」の一、二および別記の稿が成った（ことば編八、九を参照されたい）。生活面では、後継ぎ問題を解決すべく、親戚筋の娘を養女にし、婿養子も決めた。もう、隠居するときが近づいていた。真淵も、すでに六十代なかばに達していた。

四、還り行くもの――江戸隠居時代（歌学×古学期）

宝暦二年（一七五二）、五十六歳のときから、十五人扶持という俸給を賜っていた真淵は、宝暦十年、六十四歳で幕府和学御用掛を退職、五人扶持の隠居料を引きつづきもらって、隠居の身となり、たまには田安邸へ出向きつつも、いよいよ浪々、念願の著述に専念できるようになった。死去まで、あと十年であった。

おもえば、真淵の生涯は、ちょうど十年刻みくらいで、展開していく（ことば編十六を参照されたい）。生活史的には、横に幅が広がっていくが、思想史的には、展開すればするほど、中心に向かって縦に深みを増す、渦潮の渦か、台風の眼の生成に似た過程をたどっていった。真淵の晩年十年は、その中心の圧力が極度に達した時期であったといえるであろう。

著作として並べてみると、年代順に「文意考」「歌意考」「にひまなび」「うひまなび」「国意考」「書意考」「祝詞考」「語意考」ということになる（ことば編一を参照されたい）。死の前年には、畢生の大作「万葉考」の巻一、二および別記が、ようやく刊行をみる。尽きつつある寿命との競争であったが、ぎりぎりで間に合ったのである。

ちなみに、この「―考」という著作のネーミングは、真淵自身のものであり、中年期の「祝詞解」「万葉解」などの「―解」と、対をなしている。対を成すばかりでなく、表現は簡潔にうつくしく、思想は、歌学と古学が区別がつかないほど一体となって、熟し、昇華されていく。そのさまは、見事というほかないが、身体的には、持病の「癪《しゃく》」が悪化し、足にむくみが出て歩行さえ困難となり、衰えていく一方の体力ともまた、パラレルであった。これは、なにも真淵に限ったことではなく、ひとが老いるとは、およそこういう事態のことをいうのであるが、それにしても、真淵のこの晩年の生の燃焼のすがたは、圧倒的である。著述ばかりでなく、それだけで「作品」といいたくなるような、見事な、実《み》のつまった、告白的な長文の書簡も、さかんに綴った。いのち終わることを予感して、いいたいことが、大地を破って足の裏から、突き上げて来た――そんな気配である（ことば編十四を参照されたい）。

真淵晩年の住居「縣居」にほど近い隅田川

その間に、注目すべき出来事が、少なくともふたつある。

ひとつは、住居を隅田川のほとり、川風が吹き渡るあたりの日本橋浜町に、古風にしつらえ、「縣居《あがたい》」——すなわち田舎風な造りの家と名付けたこと。ふたつには、生まれてはじめて大和路へ旅した途次に、伊勢松坂の宿で、のちに真淵最大の門人となる、若き本居宣長と出会ったことであろう（ことば編五を参照されたい）。

真淵は、幼年のころからずっと、「自分が住み暮らす場所」というものに関して、ずいぶん、苦労を強いられてきた。養子に出されたり、また戻されたり。最初の結婚生活は、おもわぬ妻の病死で一年ほどしかつづかず、婿養子に入った家には、結局なじめず、学問への煩悶をかかえつつすごすうち、真淵は京、そして江戸へと出奔する。もとより、自分の家などなく、友人縁者のもとを転々とするばかり——故郷喪失者のかなしみが、身に沁む暮らしが長くつづくのである。ようやく借地をして念願のわが家を建てたかとおもえば、火事で類焼してしまう。ついていない。

しかし、かれは腐ったり、ふてくされたりせず、ただ好きな学問だけは手放さずに、営々として勉学した。やがて、門人を取るようになり、その数が次第に増え、百人、二百人……になった。いきおい、真淵先生には自宅が必要となり、田安家や門人たちの助力もあって（総経費五十両をかけて）、明和元年（一七六四）、六十八歳で、真淵の夢がついに実現するときが来た。それこそが、「縣居」であった。

それでは、その真淵の終の棲家となった「縣居」は、具体的にどんな造りの家であったのか。それは、一般的な草庵とか隠居というイメージとはちがって、古風とはいえ、母屋も書院もある、かなりしっかりした、本格的な家居の造りであった。

敷地はおよそ百坪、三百平方メートル以上あり、南東の隅田川に向かって開け、一部二階建ての住居が西側に、東には、田や畑、穴蔵のような土蔵がつくられていた。この穴蔵は、しばしば火災に遭った江戸庶民の防災の知恵であったという。現に、真淵も火事で居宅を焼け出された経験のもち主であった。二階建ての、来客を二、三人は泊めることもできる本屋とは別に、隠居家もあった。

その隠居家の建物が、一風、変わった造りで、ここはその説明の描写を、最も信頼できる佐佐木信綱の筆を借りて、述べよう――


隅田の流に近い東の方の本屋《おもや》には、二階もあり、土蔵も添うて居るが、今宵月見の宴を開いたのは、福王家に近く建てた隠居家で、それは真淵が特に心を用ゐた古へぶりの家である。屋根は板葺で、西の方に入口があって、そこは板敷になってゐ、上にあがる四方は庇《ひさし》の間で、中央の高くなった長押《なげし》の上に四畳半の母屋《もや》がある。南庇と西庇の半《なかば》とは開き戸で、常は簾をおろすやうにしてあるが今宵は捲き上げてある。東庇の下半は板壁、上半は半蔀《はじとみ》で、その間の南の隅には、瓶中に松を挿したのが置いてあり、其の傍に、今宵の祝にとて贈られた、菊の造花をたて遣水《やりみず》をあしろうてある洲浜が飾ってあり、北の隅には、書架と文机と柳筥《やないばこ》が据ゑてある。北庇は襖でしきって、勝手に通ふやうにしてある。家は南に面し、数十坪の庭の面が、月の光に隈なく照らされて居る。西の方に当って、いささか土を盛り上げ、廻りに若松を植ゑて穴蔵をこしらえた。——真淵はさきに火の災に遇ったが、——当時江戸には屢《しばしば》大火があったので、市人の家の余地ある者は、万一の際の用意にと、多く庭中にかく穴蔵を設けたのであった。

穴蔵の東の方は、殊更に野辺や畑のやうに造りなしてあって、青菜も植ゑてあれば、野蒜《のびる》も垣根に近くある。（中略）叢《くさむら》のここかしこには、清い月の光を仰いで、蟋蟀《こおろぎ》や鈴虫が頻りに鳴いてゐる（昭和九年・『増訂賀茂真淵と本居宣長』所収「縣居の九月十三夜」）

明和元年、六十八歳になる真淵は、長年の夢を実現させ、趣向を凝らした、古代趣味のわが家、すなわち「縣居」を建てることができた（「縣居復元想像図」を参照されたい）。真淵国学の門流も、儒学全盛の世に確固たる孤塁を築き、門人は数百人にもおよんでいた。

そうしたなか、新居の竣工を祝って、一夜、月見の宴が、江戸の門人たちを招いて開かれた。それが、九月十三夜であった。真淵は、もう、余りにも孤独に老いていた。そして、その宵の盛宴を迎えた。心境は、内に籠って、複雑であったろう。真淵は、歌人であった。歌が、すべてを語るのであった。思想も、生活も、歌――古典的浪曼のなかにあった。そこからすべてはまた、出立するのであった。真淵の万葉主義とか古代観といわれるものが、それにほかならない。そして、真淵がこの夜に詠ったのが、つぎのような歌である――

秋の夜のほがらほがらと天の原てる月影にかりなきわたる
こほろぎの鳴くやあがたのわが宿に月かげ清しとふ人もがな
あがたゐのちふの露原かき分けて月見に来つる都人かも
こほろぎのまちよろこべる長月のきよき月夜はふけずもあらなん
にほどりのかつしかわせのにひしぼりくみつゝをれば月かたぶきぬ

絶唱というべきであろう。歌人といっても、実作がそれほど多くなく、むしろ歌論にことのほか優れていた真淵である。この夜は、さすがに心愉しく、清々しいおもいに胸がいっぱいになって、月光と秋虫の鳴く音が和して、真淵一代の詠草を生んだ。そんな真淵の歌論の名品「歌意考」が成るのは、ときあたかもこの年の末のことであった（ことば編三を参照されたい）。

話は前後するが、この「縣居の月見」が行われた年の前年（宝暦十三年）、真淵は生まれてはじめて大和路へ長期の旅をした。若い門人の橋千蔭や村田春海をお供に連れていたとはいえ、持病の「癪」で足がむくみ、歩行がきつく、けっして楽な行程ではなかった。そんななか、伊勢に詣でた途次、松坂に投宿していた真淵のことを知って、当地松坂在住の若き医師本居宣長が面会を求めて来た。宣長は、真淵の「冠辞考」を読んで、いたく感銘を受けて、一度会いたいと願っていたのである。

そんなふたりが、ある夜、真淵の投宿先の、行燈のほの暗い灯りの下で、宣長が日記に記したことばを借用すれば「対面」した。佐佐木信綱のいうところの「当年六十七歳、その大著なる冠辞考、万葉考なども既に成り、将軍有徳公の第二子田安中納言宗武の国学の師として、その名嘖々たる一世の老大家」と、才走った、三十四歳の、医者にして国学の蘊蓄《うんちく》もあるがまだ無名の一学徒との、最初で最後の、ただ一度の出会いであった――世にいう「松坂の一夜」である（詳しくは、ことば編五を参照されたい）。

さて、真淵は最晩年、「文意考」「歌意考」「国意考」「書意考」「語意考」という五つの著作を、病躯を押してこの順番に書いた。門人たちが後に、これを「五意考」と呼んだ。しかし、思想的にほんとうに重要なのは、このうちでは歌意と国意の二考だけであろう。それよりも、もっと意味の深いのは、その死の年に近くなって、主著「万葉考」の最初の部分がやっと刊行されたことと、隠れたる主著「祝詞考」が書きあがったことでなければならない。この二著こそは、真淵の生涯を覆う、アルファでありオメガであったからである。作家は処女作に還るといわれるが、出で立ったところへ、大きな弧を描いて、真淵もようやくにして、還って行った。

明和六年（一七六九）の秋十月二十日、真淵は、享年七十三、満七十二歳七カ月で自宅で亡くなった。病死であった。墓は、東京品川の東海禅寺にある。密かに敬愛した漢詩人服部南郭の墓の隣である。

出で立ち、踏み迷い、何事か知り覚えたかとおもう間もなく、もういっさんに還り行く——真淵の七十三

東京品川の東海禅寺大山墓地にある真淵の墓

年の生は、われわれの人間形成の一典型をこそ、ゆたかに指し示しているといえるのである。

真淵に関する伝記的な考察は、ほんの概要ではあるが、ここに終わる。主として、芳賀矢一・萩野由之序、上田万年監修に成る『国学者伝記集成』第一巻（明治三十八年初版、昭和九年再版、昭和五十三年復刻・名著刊行会）、小川正の『賀茂真淵伝』（昭和十三年・春秋社）、井上豊の『賀茂真淵の学問』（昭和十八年・八木書店）、寺田康政の『賀茂真淵――生涯と業績』（昭和五十四年初版、平成十九年再版・浜松市立賀茂真淵記念館）の諸著から、多くの示唆を受けたことを記しておきたい。

なおまた、「出で立ち・踏み迷い・知り覚え・還り行き」という、四つの階梯を踏むところの、わたしの人間形成にたいする考えは、もともと西田幾多郎ノートである拙書『〈気配〉論――自覚線上における西田幾多郎』（昭和六十一年・白地社）に端緒がある。もう三十年以上も抱懐している考えであるが、このたび、真淵の伝記的探求を試みてみて、改めて濃く、この考えが浮き立つのを知った。このことを、ちょっと付記しておく。

〈古典 古代〉

柿本人麻呂

山部赤人

老子

〈中世〉

源　実朝

紀　貫之

在原業平

紫　式部

〈江戸 近世〉

荻生徂徠

服部南郭

油谷倭文子

鵜殿余野子

土岐筑波子

野原りよ

越後長岡藩主の娘

本居宣長

蓬莱雅楽

平田篤胤

塙　保己一

――先妻・やう　僧　契沖

荷田春満

荷田信名

荷田在満

芝崎好全‐栄子

斎藤信幸

渡辺豪庵

柳瀬方塾

栗田土満

田安宗武
（徳川吉宗次男）

荒木田久老

■賀茂真淵 人物関係図

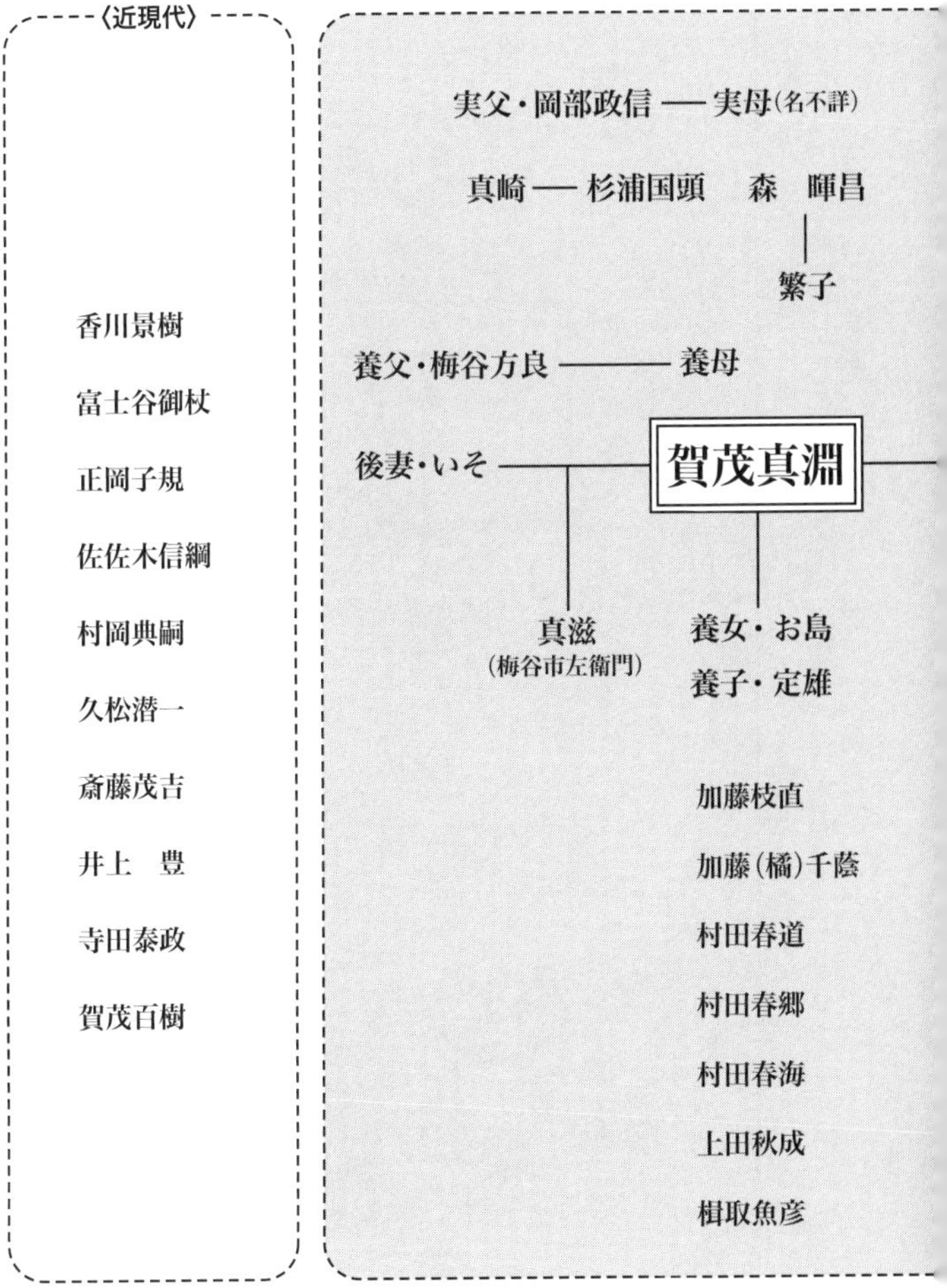
〈近現代〉
香川景樹
富士谷御杖
正岡子規
佐佐木信綱
村岡典嗣
久松潜一
斎藤茂吉
井上　豊
寺田泰政
賀茂百樹
実父・岡部政信 ── 実母（名不詳）
真崎 ── 杉浦国頭
森　暉昌
繁子
養父・梅谷方良 ── 養母
後妻・いそ
賀茂真淵
真滋
（梅谷市左衛門）
養女・お島
養子・定雄
加藤枝直
加藤（橘）千蔭
村田春道
村田春郷
村田春海
上田秋成
楫取魚彦

■「縣居」復元想像図

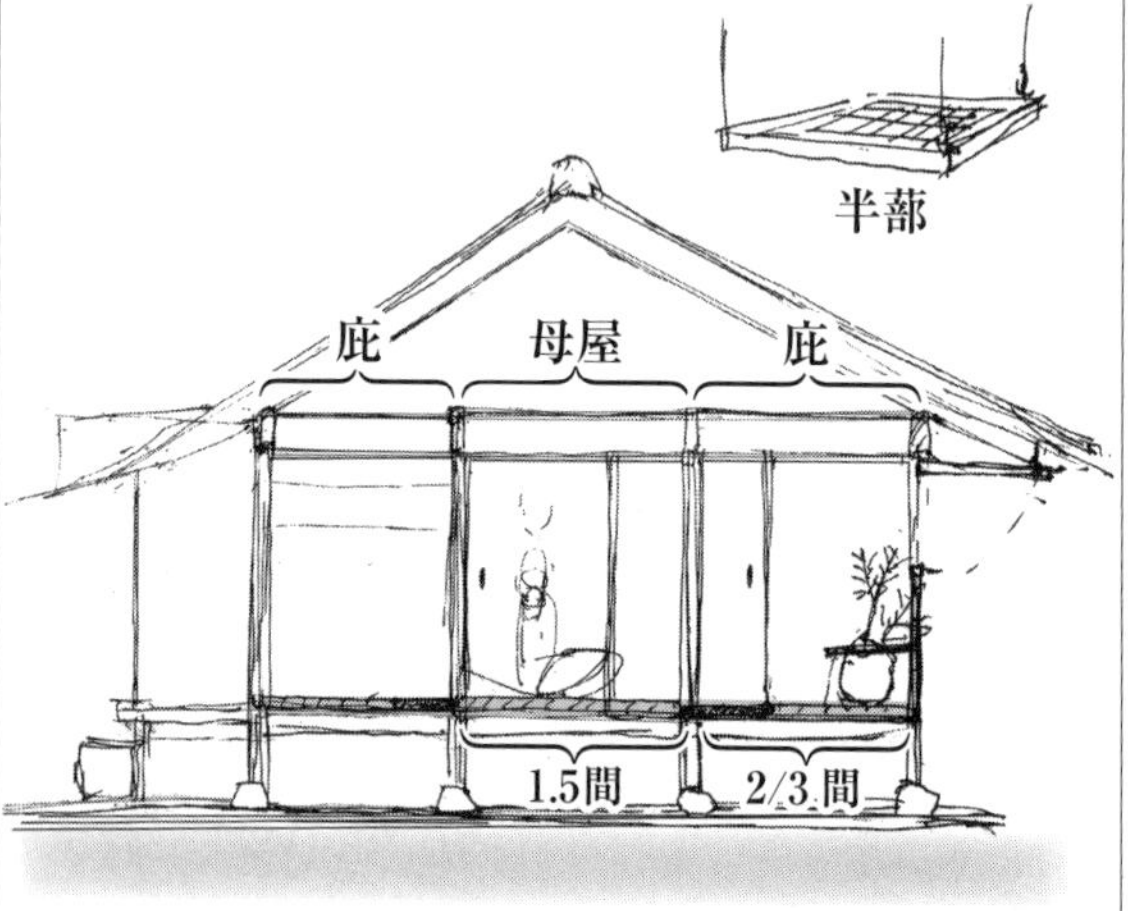

第二章

ことば編——真淵はなにをどう語ったか

はじめに――本章では、わたしの胸に響いた、真淵のみるべきことばを短く取り上げ、わたしなりの口語訳を添えつつ、取り上げた断章をめぐって、おもうところを語りたい。全体として、真淵という稀代の詩人思想家がなにをどう表現したかの一側面が浮かび上がってくるはずである。

一、天の下には事多かれど――「にひまなび」

天の下には事多かれど、こころとことばの外なし

《現代語訳》
この世に生きていくかぎりは、いつどこででもさまざまな多くの出来事が、われわれの身にふりかかるものであるが、そうしたときに、つまるところ大切なのは、いにしえのひとのこころとことばだ。それ以外にはなにも大事なことはないのである。

こころとことばの外なし、といい切ったところがすごいのである。というより、このことばと出合っ

たとき、わたしはかすかな精神の衝撃を覚えるとともに快哉を叫んだ。そうか、やはりそうか、こころとことばのほかはないのか。真淵はわたしが負ったと同じような命題に苦しみ、天下《あめのした》をさまよった。そして事多きこの世の生の営みの唯中《ただなか》にあって、ついにここに到達したのだ。ごちゃごちゃいわない。この世に生きようとすれば、つねに事が多い。それらにいちいち拘っていてはやっていけぬ。大切なのは、ただ、こころとことば（意・言）である。想いと言表、つまり、言語表現作用ということだ。すなわち、真淵にあっては、歌、なかんずく、古典古代の歌、万葉の歌がそれである。

しかしいま、万葉に限らなくてもよい。言語表現作用としての文学的営為、とりわけ詩歌のなかにこそ、真淵が信じた真実が存在するのである。それさえ信じ、守ることができれば、ほかはどうでもよろしい。どうでもよろしいといい切れたところに、真淵晩年のひとつの到達点をみるのである。

「にひまなび」は真淵六十九歳のとき（明和二年）に成った古学（国学）入門の書である。「宇比麻奈備」という、歌学の入門書も先に書かれている。入門書といえば、真淵を師とした本居宣長に、似たような名の「うひ山ぶみ」がある。同じ古学思想家ではあるが、書物の性格がまるでちがっている。それは文体にも現れている。本居宣長『うひ山ふみ　鈴屋答問録』（村岡典嗣校訂・岩波文庫・昭和九年）所収の「うひ山ふみ」にいわく――

そもそも人としては、いかなる者も、人の道をしらでは有べからず、殊に何のすぢにもせよ、学問をもして、書をよまむほどの者の、道に心をよすることなく、神のめぐみのたふときわけなどをもしらず、なほざりに思ひて過すべきことにはあらず、古をしたひとふとむとならば、かならずまづその本たる道をこそ、第一に深く心がけて、明らめしるべきわざなるに、これをさしおきて、末にのみかかづらふは、実にいにしへを好むといふものにはあらず。

宣長のこの畏まった、「道」を説く堅苦しげな文体をみよ。宣長は「学」の外側に「道」を立てるが。真淵的世界では「学」と「道」とは一体のものである。この一体感を可能にしているのが「歌」にほかならない。契沖や宣長にあっては「歌」は「学」と「道」の方便にすぎない。しかし、真淵にあっては「学」と「道」と「歌」は三位一体のごとくである。宣長は学者であって「説くひと」である。真淵は歌うひとであって「泣くひと」である。そして、わたしはといえば、歌人、詩人思想家としての真淵をこそ愛好するといわねばならない。

わたしはこれまでなんの前置きもなく「詩人思想家」といっていたが、このいい方は、ことばとして熟さないかもしれない。しかし、詩的感性に恵まれた、いい換えれば文学性ゆたかな思想家、もしくは哲学的思索に深まった詩人を指し、わたしのなかで具体像を結ぶのは、近代日本ではまず「厭世詩家と女性」「内部生命論」「人生に相渉るとは何の謂ぞ」などの鋭い批評を書いて夭折した明治の北村透谷、つぎに実在と認識をめぐる偉大な哲学者西田幾多郎、詩人にして彫刻家の高村光太郎であり、西洋古代では「自省録」を遺したローマ皇帝でストア派の哲人マルクス・アウレリウス、東洋の古典では老子であろうか。そして、日本近世にあっては、賀茂真淵。

このことばの前後は、こうである――

歌はいささけの言も違ひては歌をなさねば、かれを問是を考て、よく唱へ得る時は、古事古意定まれり、然れば、古事をよく知へきものも古き歌也、古事を知へきものは歌なり、天の下には事多かれど、こころとことばの外なし、此のふたつをよく知て後こそ、上つ代々の人の上をもよく知べく、古き史をもその言を誤らず、その意をさとりつべけれ。

ここにいう「古き歌」は、新古今にたいするものではなくて、万葉の時代の歌。「古き史」は、日本書紀ではなくて、より古い古事記のことを指す。このふたつの古典の時代の「こころとことば」にこそ――ここに延喜式祝詞（古典祝詞）を加えてもよいか――真淵が抱いた夢のかたちがあり、思想の原郷があるのであった。

二、それ人は天つちのなしのまにまになれば――「野原りよ祭文」

それ人は天つちのなしのまにまになれば、終に天地にかへることわりを知りて、なき魂は中々に安かりけん。唯悲しきものは、しばし此の空蝉の世に歴る人なりけり

《現代語訳》

そう、ひとは天と地のあいだに在って、あめつちのまにまに漂うものであるから、終にもあめつちに還るわけである。そのことわりを承知するとき、死んだひとのたましいは、むしろかえってやすらかでもあろう。ただ、胸に迫っておもうのは、あとにひとりぽつんと取り残されて、まだなおもこの生死ある身をもって、世を渡ってゆかねばならぬひとの身であることよ。

真淵は、その七十三年の生涯を通じて、家庭的にはどうも恵まれなかったひとである。遠州浜松の神官の家に生まれたが、真淵が生まれたころは農業をおもな生業としていた。その家の次男（三男ともいう）に生まれた真淵は、幼少期からたびたび養子に出され、そうしたなかで浜松の脇本陣梅谷家

の婿養子となる。息子がひとりできるが、陣屋商売に身を落ち着けることができない。

その前には最初の妻を病死で失う。わずか一年ほどの結婚生活であったという。真淵、二十七歳のときであった。二十七歳といえば、この当時は名実ともに立派な大人である。しっかりしなければならぬ。それなのに婿養子に入った家の商売にはどうも身が入らない。

最初の妻を不意に亡くして、真淵の悲嘆、迷いは大きかった。いまだなにひとつはじまってもいない。それなのにもう青春のときは遠くうしろに退こうとしている。禅寺へ入って出家しようとするが、親に止められて果たせず、亡き妻を偲んで近くの佐鳴湖や浜名湖のほとりを彷徨って嘆き、憂愁を深めるばかりであった。

他方、真淵には早くから歌文に親しむ傾向があった。環境にも恵まれていた。両親がその方面に素養があり、また神職仲間として、いまも浜松の地に立派な社殿を構える諏訪神社の神官杉浦国頭や五社神社の神官森暉昌といった先達とのあいだに、浅からぬ交流があった。そしてその交流は、やがて京都伏見稲荷神社の神官の子荷田春満と真淵を結びつけるのである。杉浦国頭も森暉昌も、荷田春満の門人であった。人の縁は異なものである。

と同時に、人は生きていけばいくほどに、人に別れねばならない。二十代で妻と死別した真淵は、その後、再婚した梅谷の妻と子を浜松に残し、京に行き荷田春満に師事し、ついで江戸に出て、八代将軍徳川吉宗の次男田安宗武に和学御用を拝命して江戸城内の一角にあった田安邸に仕えるようになる。それまでの転々たる処士生活(任官せざる浪々とした暮らし)から抜け出て経済的な安定を得る。そのころには女性の門人もできていたが、真淵は「江戸妻」をもつようなことはなかった。ただ、身の回りの世話をするひとはいた。真淵四十八歳から六十一歳のあいだのことである。その女性が、野原りよといった。

彼女の死に際して真淵が綴った「祭文《さいもん》」の草稿が遺っている——

夫れ人は久方の天にはらまれて、あらかねの地にうまれぬ、且わが国人は、天つ神・国つ神たちの末ならぬは無し、空蟬の世にあるほど、幸あるは天と高く、幸なきは地といやしきのみ也、茲に魂まかれる人あり、名をばりよ女とぞいへる。

このりよというひとは、先祖は武士であったが、父母も自身も幸うすく、苦労して育った。一度嫁して一男一女をもうけたが、夫と死別、そののち、子の成長、家の再興のみを願って、ふたたび嫁することはなかったという。

さるまゝ由ありて其の志をわれに伝ふ、われ其の心をめでうべなへりければ、やがてうなゐ児を携へて来たれり、それより後はわが方の事わざを助けて、まめ心をなすこと十とせ余り二とせになりぬ。（中略）然るを今年宝暦六つの年五月ばかりより、この人病あつしく侍れば、われ天地のすめ神たちにねぎ、都に医師をえらみつゝ、心の限り尽すとすれど、終に神無月の一日こそ、四十あまり六を限りとしてなむ魂さりにけるこそかなしけれ、抑この人は心高く清く、よく物をわいだめて偲べり、手な末のわざにたへて、はたみやびかなる事を願へり、萎草のめといへども、ますらをの恥ぢぬべき心のみ有りけるもの哉、いかなれば世に幸なくして終にまかりけん、（中略）それ人は天つちのなしのまにまになれば、終に天地にかへることわりを知りて、なき魂は中々に安かりけん、唯悲しきものは、しばし此の空蝉の世に歴る人なりけり、（中略）其の志のかたへをだに、長く引きわかるゝ棺の前にたゝへむとするに、いはまくも悲しく、かけまくも涙にむせぶのみ。

真淵は、全集の書簡の巻を読めばよくわかるのだが、手紙において自己を語り、思想を述べるたぐいのひとであった。「祭文」というものも、死者への手紙とおもえば、そこに真淵の生の真実の幾分かが現れ出でても、これもまた、当然なことであろう。

なお、祭文といえば、わたしが決まっておもい起こすのは、折口信夫《おりくちしのぶ》が師と仰ぐ三矢重松の一年祭で綴った祭文（「三矢重松先生一年祭祭文」・大正十四年）である。その書き出しの一句――

かくり世はしずけくありけり。さびしきかもと大きなげきし給ひて、やがて来まさむものと思ひまつりしを、うつし身のしげさ、片時と言いつつ早やも一年は来経《きへ》行きぬ。……

おお、「祭文を詠む」とはこういうことか、とわたしはいたく感嘆したのであった。いたく感嘆した、といえば、もうひとつ。西田幾多郎が京都帝大教授時代の教え子である野崎廣義の突然の死に遭って、その若き学徒のために綴った追悼文（野崎廣義『懺悔としての哲学』序・大正七年所収）。そこには、こうある――

死は悲し、されど死より清く美しきものもなし。深きもの、真なるものを求めて、狂へる魂の如く、悶えに悶ゆる中に、亡せ行きし君の死は、花束をかざして、水草清き水の上を、歌ひながら、流れ行きしオフエリアの死にも似たらずや

こんなうつくしいことばを吐ける哲学者とは、いったいどういうひとかと、心底、わたしはおもっ

たものである。そしていま、そのおもいは真淵の上におよぶのである。以降で詳しくふれていく。

それに当たっては、これまでに出ている数種のうち、最も充実した近年の『賀茂真淵全集』全二十八巻・既刊二十三巻（続群書類聚完成会・昭和五十四年〜平成四年）を用いた。引用に際し、多少字句を変えた場合もある。書簡は第二十三巻(平成四年)に収められている。この巻が最終配本で、ここで未完となっている。以下、「全集」という。なお、「眞淵」および「萬葉」の表記は、真淵自身が「真淵」「万葉」と書いたりして一定しないが、すべて「真淵」「万葉」で統一する。

また、野崎廣義の伝記については、拙著『哲学徒と詩人―西田幾多郎をめぐる短い生の四つの肖像』（編集工房ノア・昭和六十二年）で、岡本春彦、三土興三、青木敬麿とともに、「野崎廣義―くらい魂の海の認識者」として取り上げている。参照されたい。

三、あはれ、上つ代の人は――「歌意考」

あはれ、上つ代の人はおもふ心ひたぶるになむありける、こころしひたぶるにしあれば、なすわざもすくなく、わざし少なければ、いふことのはもさはならざりけり、しかありて、こころにおもふことあるときは、ことにあげてうたふ、こをうたとはいふめり

《現代語訳》

ああ、古き世・上代のひとは、ものおもうにもいっさんで、いちずである。そういうこころひたすらで、まっすぐであれば、為すところの業もすこしで、業が少なければ、それにつけていうことばもおのずから多くは要らないのである。そうしてさて、こころにおもいが溢れてきたなら、それはことばにして、口にしておもてに出す。これを、うたというのにちがいないのである。

真淵晩年の連作、いわゆる「五意考」（歌意考・国意考・文意考・書意考・語意考）のうちの代表的なひとつである「歌意考」冒頭の一句。表題のとおり、主題は歌である。うた（歌）のこころ（意）

をかんがえ（考）て述べた（つまり歌・意・考）、たいへん鮮やかで格調高く、うつくしい文章の書だ。円熟した真淵の古学思想と歌学思想とが渾然一体となって表明されている。

素敵なことばがたくさんある。たとえば、「いでやあめつちのかはらふ事なきまにまに、鳥もけものも草も木も、みなむかしのごとくなるを、なぞや人のかぎりしも、むかし今とことなるべき」。また、「まうけずつくらずやすくにのやすらけき、いにしへのこころをあきらめつべきものは、いにしへ人のうたなるかも、わがよむ歌なるかも」である。もうすこし具体的に、こうも書いている——

万葉集をいく度もみて、こころ得ぬところはしばらく過して、おほよそをよくおぼえよ、こを知らずば、後の世にいふことばのこころさへうたの意さへしられじ。古事記・日本紀にも上つ代のうたも言もあれど、いといと上つ代なるは、のちよりは大かたにては意を得かたきものなり、万葉こそ古《いにしえ》いまとおもひえらるれ、次に古今歌集をよくこころえよ

古今集は「続万葉集」というべく、万葉を知らないでは、その「うつりこし心・ことば」をわきまえることができない。古典古代へ還る道をふまずしては、後代のこころ・ことばも、よく味わい会得することがかなわないのである。後代を後代の目でみていてはなにもみえぬ。「今の人は後のふみを

のみ見るからに、おくがくらくしてもとにまどふほどに日くれぬ」という事態になるのである。

そして、歌――

うたはあめつちにかなふものなれば、ことせばき様にてひろし、ひろきもひとつ心の外なければなり、よわきさまして強し、つよきはなほき心より出ればなり、おろかなるがごとくして賢こし、かしこげなるを過て本にかへればなり

かつて、「歌なんぞに満足している奴は、まだ深く考えないのだ」と、西田幾多郎の教え子にして、暗い認識論の海のなかにあった哲学徒野崎廣義はその日記に書きつけた。正しくは、こうある――「今日小説犠牲一篇を書き上ぐ。もう少し手を入れたなら見るべきものとなるだらう。私は和歌なんてあんな野蛮極まるものをもうけっして書かぬ。私は未開人でないから和歌に不向きである。和歌などに安心してゐられる輩はぶつかることを未だ知らないのだ」（明治四十四年一月・二十二歳）

わが身の愚かさに照らして、わたしはまことにそのとおりであるとおもう。しかしいまおもう。ならば、歌を最も深く考えた者こそ、真淵だ。いや、考えたばかりではない、歌をその生の中心で愛撫し、七十三年の生涯をただ歌のためにこそ生き抜いたのである。

汝《いまし》そもなにしにこの世に来たりしか顕《うつ》し身さぶく秋風ぞふく

これは、平成二十九年に真淵の歳を越したばかりのわたしの拙歌であるが、真淵ははたしてなにしにこの世に来たりしかと問うてみれば、その答えは容易に与えられるであろう。すなわち、賀茂真淵はまずなによりも江戸の世に万葉主義の歌学を説くために来った、ひとりの歌の思想家にほかならないのである。その生の顕《た》ちすがたは、すっきりと冬の陽を浴びてうつくしい。もっとも、真淵の歌の実作は、万葉調を心掛け、門人にも万葉に学んで歌を詠むことをすすめているが、「賀茂翁家集」などにみられる実作にくらべると断然、「冠辞考」「万葉考」「歌意考」をはじめとする歌論のほうがなんといっても重量感があり、圧倒的にすぐれているのである。とはいえ、契沖や宣長の歌よりは真淵の歌のほうがずっとよいのだが。契沖も宣長も、歌はまずかった。学者が頭で詠むからである。

真淵の歌は、かれの歌論とくらべてしまうから、精彩を欠き魅力に乏しいようにもおもえるのであって、歌だけみると、よい作がたくさんある。説教臭くも教訓めいてもいないところが、契沖や宣長とちがうところだ。古今調も万葉調も、若い日の作も晩年のものも、いろいろであるが、すこし引いてみる。かならずしも代表作というのではなく、わたしが気になった作というふうにおもっていただきたい。

苗代の水口まつりしめはへて賎が業こそむかしおぼゆれ
故郷は春のくれこそあはれなれ妹にゝるてふやまぶきのはな
故郷の野べ見にくればむかしわが妹とすみれの花咲きにけり
さなへ草うゝる時とてさみだれの雲も山田におりたちにけり
たちばなのかほれる宿の夕ぐれに二こゑなきてゆくほとゝぎす
ふるさとのみかきがはらの夏草によるはもへつゝとぶほたる哉
秋風はたちにけらしなさらしなやをばすて山のゆふ月の空
遠つあふみ浜名の橋の秋風に月すむうらをむかしみしかな
わが庵の庭には跡もなかりけり落葉がうへにふれるしら雪
年くれて松をもたてぬすみかにはおのづからなる春やむかへむ
今もかもこじまがさきににほふらん君にゝるてふ山吹のはな
秋風の空に今はと行蛍みるみるきゆる世にもあるかな
しなのなるすがのあら野をとぶわしのつばさもたわにふくあらし哉
ふる郷にとまりもはてず天雲の行かひてのみ世をばへぬべし
飛騨たくみほめてつくれる真木柱《まけばしら》たてし心はうごかざらまし

秋のよのほがらほがらと天の原てる月影に雁なきわたる
こほろぎの鳴くやあがたのわが宿に月かげ清しとふ人もがな
にほどりのかつしかわせのにひしぼりくみつゝをればば月かたぶきぬ

四、歌は人の心をいふものにして――「国意考」

歌は人の心をいふものにして、いはでもかれは有りぬべく、世のためにも用なきに似たれど、是をよくしるときは、治りみだれんよしをも、おのづから知るべきなり、孔子てふ人も、詩を捨ずして巻の上に出せしとか、さすがにさる心なるべし、凡物は、理にきとかかることは、いはば死たるがごとし、天地とともにおこなはるるおのづからの事こそ、生てはたらく物なれ、万のことをもひとわたり知をあしとにはあらねど、ややもすればそれにかたよるは、人の心のくせなり、知てすつるこそよけれ、ただ歌は、たとひ悪きよこしまなるねぎごとをいへど、中々心みだれぬものにて、やはらひでよろづにわたるものなり

《現代語訳》

歌は理屈をいうものではなく、ひとのこころ根にあって、それを表現にもたらしたものだ。それは別に表現しなくてもこころ根に存在する。それは世のためにも無用のものに似ているが、この歌のこころというものをよく心得るならば、世のなかの平安も混乱も、その起こる根のところを

知ることになるのだ。孔子というひとも、詩歌を論著の上に出して遇したという。やはりそうであろう。そうあるべきだ。およそ物事は、理（理性・理知・理屈）にきっかり掛かって分別できることというのは、ほんとうは死物をつかんでいるのである。あめつちのはざまにあって、天地自然の運行のままに随《したが》っている事態こそが、いきいきと生きて働くものである。いろいろのことを、一通り知るのを悪いというのではないが、ややもすれば、その知り得たこと（知識）にこだわるのが、ひとのこころの習癖だ。知ってのち、捨てるのこそ、よいのである。ただ、そうしたときにも、歌というものは、たとえ悪意や邪念をいだいてなにか祈願をしたとしても、どうしてどうして、中心のこころ根は乱れないのであって、それがよろずの事に渉る歌の力である。柔軟な力である。

「歌意考」とならんで、真淵の主著中の主著というべき「国意考」のなかのことば。味わってなかなかに尽きない趣きがある。

このことばの終わりの部分は、戦時中の保田與重郎『日本語録』にも採られている。わたしは「国意考」を読み、この箇所を選んだあとでこの偶然に気づいたのだが、これは保田の全集（講談社）や文庫（新学社）で読むことができる。わたしは保田與重郎のような日本浪曼派の書き手にたいしては、大いに魅力を覚えつつ身を斜交いに構えるところがある。しかし、この「偶然」のように、日本浪曼派と重なる面ももち合わせているのかもしれない。『わがひとに与ふる哀歌』の詩人伊東静雄などには強く惹かれたものである。が、そこにおいても、異質を強く感受してきた。

「国意考」は、全体、むつかしい古学思想書であるが、おもしろい。真淵というひとは単なる万葉の歌の注釈者・研究者にあらず、はたまたゴリゴリの古学（国学）の徒なんぞではないのである。それではかれは何者であるか、かれはただ、「天地とともに」生きている、やはり、歌の思想家であるというべきであろう。

「国意考」は、「唐国の唐心」のひとたちが吐く言辞にたいし答えるというかたちでの思想書であるが、体系を整えた学術書ではなく、またそんな意図もなく、いわば随筆的で断片的な記述に終始している。が、そこがおもしろい。真淵の真淵たるゆえんのものが、そうした文章表現のかたちにこそ現れているからである。たとえば、こうだ——

凡《およそ》てんちの際に生とし生るものは、みな虫ならずや、それが中に、人のみいかで貴く、人のみいかなることのあるにや、唐にては、人は万物の霊とかいひていと人を貴めるを、おのれがおもふには、人は万物のあしきものとぞいふべき、いかにとなれば、天地日月のかはらぬままに、鳥も獣も魚も草も

木も、古のごとくならざるはなし

それなのに、「人皆智あれば、いかなることもあひうちとなりて、終に用なきことなり。今鳥獣の目よりは、人こそわろけれ、かれに似ることなかれ」。また、こうである――「古への歌の意・詞をあげつろふままに、人はただ歌の事とのみ思ふらむや」。しかし、いにしえの歌をもっていにしえのこころ・ことばを知り、それを推していにしえの世のありさまを知るべし、いにしえのありさまを知りてより、おしさかのぼらしめて神代のことをもおもうべきである。

老子てふ人の、天地のまにまに、いはれし言こそ、天が下の道には叶ひ侍るめれ、そをみるに、かしこもただ古へは直かりけり、ここも只なほかることは、右にいふ歌の心のごとし、古へは只詞も少く、ことも少し、こと少く心直きときには、むつかしき教は用なきことなり、教へねども、直ければことゆく也

江戸の真淵が、果してどの程度に中国古代の思想家・老子のことを知っていたかはわからぬ。だが「為す無くして、おのずから然る＝無為自然」という老子の思想の根本が、真淵晩年の思想に親近な

ものであったことは、たしかであろう。少なくとも、たとえば忠孝の教えや、修身斉家治国平天下などという儒教的徳目と真淵の理想とは、千里の径庭があることを知るべきである。こころ直く、ことば少なきときには、むつかしげな教えや、心身をがんじがらめに縛る倫理など、「用なきこと」なのだ。真淵はそういっている。ここには真淵が考えた以上に、深い真理が顔を出している。

高村光太郎の詩に昭和十二年の「老聃《ろうたん》、道を行く」というのがある。老子を詠んだ詩だ。『高村光太郎全集』第二巻（筑摩書房・昭和三十二年）に収められ、そののち、『高村光太郎選集』第四巻（春秋社・昭和四十二年）にも採られた。この選集は編年体で、全六巻が刊行されていたころ、わたしは東京遊学の身であり、これを夢中になって貪り読んだという記憶がある。ちなみに、選集の編者は、吉本隆明氏と北川太一氏。このふたりとは、やがて親しくなり、わたしが『高村光太郎——高貴なる生の廃屋』（弓立社・昭和五十年）という書き下ろしの評伝を世に出したとき、吉本隆明氏が「自己劇化による高村像」という一文を折り込み書評のかたちで書いてくださり、「ある生活史の岐路に棒立ちになっている上村の苦痛の表情は、同時に、この高村光太郎論を、たんなる研究とは対照的な意味で、重からしめている。悲しいが、それはかれのこれからの仕事に、わたしが賭けうる期望につながっている」（『吉本隆明全集』晶文社・平成二十九年所収）といってもらったのが、つい昨日のことのようにおもい出される。

それはさておき、高村である。

高村の妻の智恵子は精神病を嵩じさせて「もう人間界の切符を持たない」で、房総九十九里浜のだれもいない砂浜でひとり千鳥とあそぶばかりであった。また、この国は戦争へと向かい「未曽有の時は沈黙のうちに迫る。一切をかけて死んで生きる時だ。さういふ時がもう其処に来てゐる」と説いた。

そういう個人史の危機と時代の危機意識とが交叉するかのような境い目のときに、

世を厭うのでなくて
世にもぐりこむのだ
世は権勢のみで出来てゐない
綿綿幾千年の世の味ひは百姓の中に有る
わしが逆な事ばかり言ふと思ふのは
立身出世教の徒に過ぎない
其の無に当つて器の用あるを悟る者が
満天下に充溢する叡智の世は来ないか
（「老耼、道を行く」）

と詠った。世を厭うのでなく世にもぐりこむ。真淵もまた、江戸の世にあって、徳川幕府のふところに任官したことをみても、しっかりと現実主義者であった。しかし同時に「国意考」の思想は、はげしく時代批判の意思を示すものでもあった。そこに、詩人思想家としての真淵の立ち位置があり、人としてのふところの深さを感じ取ることができるのである。ゴリゴリの国学者や神道家や国粋主義者が自己の立場を主張するためにこれを使おうとするならば、なかなかむつかしいことになるであろう。

「世の中の生るものを、人のみ貴しとおもふはおろか成こと也、天地の父母の目よりは、人も獣も鳥も虫も同じこと成べし」「人は教にしたがふ物と思へるは、天地の心をよく悟らぬゆゑなり」「此天地の久しきにむかへては、千年も万年も一瞬にもあらねば、よきもあしきも丸くこそよけれ、才なることわりは益なし」それゆえに、いうのである――

「ただ何事も、もとつ心のなほきにかへりみよ」と。

この結尾のことばこそが「国意考」の真意にほかならないのであった。

五、一書は二十年の学にあらで──「本居宣長宛て書簡」

一書は二十年の学にあらでよくしらるる物にあらず

《現代語訳》
一冊の書物を、ほんとうに読んだといいうるには、二十年かけてそれを学ぶのでなければ、よく知った、よく読んだということにはならないのだ。一書、よく二十年を蔵すべし、である。人もまた、同じだ。

真淵はよく手紙を書いた。全集の書簡の巻をみると、二百通ばかりが遺されている。殊に晩年においてその傾向著しい。所信の相手は、親族をのぞけば、ほとんどがかれの門人で、男女を問わない。その手紙たるや、ときにたいへんな長文で、四百字詰原稿に換算すれば五枚、十枚、いや二十枚にもなった。しかも心情あふれる、熱烈なものが多い。晩年の門人として有名な本居宣長についても、またしかりである。

宣長と真淵との出会いは、真淵の枕詞論である「冠辞考」を読んだ宣長が、それにいたく感銘を受けたことが、そもそものはじまりであった。真淵は真淵で、宣長のことを才子らしいのが伊勢にいる、と伝え聞いていた。そしてその後に、かの「松坂の一夜」がやってくる。そもそもこの真淵と宣長の、生涯一度きりの出会いを物語る「松坂の一夜」は、伊勢の生まれでもある歌人佐佐木信綱の美文の作文が、戦前の小学校国定教科書（尋常小学国語読本）に採用されて人口に膾炙したものである。一種の美談として喧伝《けんでん》され、伝説と化した。短い作品である。『増訂 賀茂真淵と本居宣長』所収の、その後半を引いてみる。小学校の教科書に載ったのは、教科書用にやさしく書き改められた文章であったが——

賀茂縣主真淵通称岡部衛士《えし》は、当年六十七歳、その大著なる冠辞考、万葉考なども既に成り、将軍有徳公の第二子田安中納言宗武の国学の師として、その名嘖々《さくさく》たる一世の老大家である。年老いたれども頗豊かなるこの老学者に相対せる本居舜庵は、眉宇の間にほとばしって居る才気を、温和な性格が包んでをる三十四歳の壮年。しかも彼は二十三歳にして京都に遊学し、医術を学び、二十八歳にして松坂に帰り医を業として居たが、京都で学んだのは只に医術のみでなくして、契沖の著書を読破し国学の蘊蓄《うんちく》も深かったのである。

舜庵は長い間欽慕《きんぼ》して居た身の、ゆくりなき対面を喜んで、かねて志して居る古事記の注釈に就いてその計画を語った。老学者は若人の言を静かに聞いて、懇ろにその意見を語った。「自分ももとより神典を解き明らめたいとおもって居たが、それにはまづ漢意を清く離れて古へのまことの意を尋ね得ねばならぬ。古への意を得るには、古への言を得た上でなければならぬ。古への言を得るには万葉をよく明らめねばならぬ。それゆゑ自分は専ら万葉を明らめて居た間に、既にかく年老いて、残りの齢いくばくも無く、神典を説くまでにいたることを得ない。御身は年も若くゆくさきが長いから、怠らず勤めさへすれば必ず成し遂げられるであらう。しかし世の学問に志す者は、とかく低いところを経ないで、すぐに高い処へ登ろうとする弊がある。それで低いところをさへ得る事が出来ぬのである。此むねを忘れずに心にしめて、まづ低いところをよく固めておいて、さて高いところに登るがよい」と諭した。

夏の夜はまだきに更けやすく、家々の門のみな閉ざされ果てた深夜に、老学者の言に感激して面ほてった若人は、さらでも今朝から曇り日の、闇夜の道のいづこを踏むともおぼえず、中町の通を西に折れ、魚町の東側なる我が家のくぐり戸を入った。隣家なる桶利の主人は律義者で、いつも遅くまで夜なべをして居る。今夜もとんとんと桶の箍をいれて居る。時にはかしましいと思ふ折もあるが、今夜の彼の耳には、何の音も響かなかった。

舜庵は、その後江戸に便を求め、よく十四年の正月、村田傳蔵の仲介で名簿《みょうぶ》をささげ、うけひごとをしるして、縣居の門人録に名を列ねる一人となった。爾来松坂と江戸との間、飛脚の往来に、彼は問ひ此は答えた。門人とはいへ、その相会うたことは僅かに一度、ただ一夜の物語に過ぎなかったのである。

今を去る百五十余年前、宝暦十三年五月二十五日の夜、伊勢国飯高郡松坂中町なる新上屋の行燈は、その光の下に語った老学者と若人とを照らした。しかも其ほの暗い燈火は、吾が国学史の上に、不滅の光を放って居るのである。

卯の花の匂う垣根に……という唱歌「夏は来ぬ」の作詞者にして、著名な歌「ゆく秋の大和の国の薬師寺の塔の上なるひとひらの雲」の作者である国文学者佐佐木信綱。さすが、よく物語を成した。しかし、真淵と宣長とのあいだの真の物語は、この「松坂の一夜」の出会いのあとにやってくる。つまりそれは、宣長入門後の「飛脚の往来」すなわち師と弟子との往復書簡に交わされた「彼は問い、此は答えた」の万葉集をめぐる問答の場面においてである。

ちなみに、「賀茂翁遺草」によると、「名簿をささげ、うけひごとをしるして」とあるのは、一種の入門の儀式で、どこの国のだれべえでいかなる身分職分のものかという簡単な身分証明を書き、師弟の契りを結ぶ誓いのことば（うけひごと）を添えて提出することをいう。その「縣居宇計比言《うけひ》」は、かなり時代がかったもので、「加茂宇志廼教賜倍留皇御国廼上代乃道袁己痛願斯奴倍里故名簿乎進良世弖」（賀茂大人の教え賜えるすめみくにの上つ代の道を、おのれ痛く願い偲べり、かれ名簿を進め寄せて）云々という、決まった書式があったようである。束脩《そくしゅう》（月謝）も、かたちだけにしろ、取ったらしい。

なお、「松坂の一夜」については、早くは、近代日本の代表的国語教育者である芦田恵之助が、昭和九年の夏に北海道小樽の緑小学校六年のクラスで四日間にわたって「松阪の一夜」（尋常小学国語読本）を教材として授業をした。恵之助のいわゆる教壇行脚の一環であるが、そのときの詳細な授業記録が、青山廣志の速記録をもとにして『松阪の一夜』（昭和九年十二月、同志同行社）にまとめられている。その四日間の授業の締めに、恵之助は真淵と宣長の「山桜花」の歌を引いて、生徒たちに両者の人となりや学問の違いを暗示しているのが、興味深く、また、さすがである。その歌——

うらうらとのどけき春の心よりにほひ出たる山桜花　　真淵
敷島のやまと心を人問はば朝日ににほふ山桜花　　宣長

最近では田中康二『眞淵と宣長「松坂の一夜」の史実と真実』（中公叢書・平成二十九年）が詳しく論じており、読み物としてもおもしろい。

若く才走った、悪くいえば軽薄才子的な弟子と、重厚な老いたる経験主義の師との、「松坂の一夜」のあとに来るはげしい応酬。ちょっと比較の翼をひろげてみると、哲学者の西田幾多郎とその弟子田辺元との関係にも似た、師弟の相克があったのである。「一書は二十年の学にあらでよく知らるる物にあらず」という真淵の一撃の警句は、まさにそうした相克の唯中《ただなか》で生まれた。一書よく二十年を蔵すべし、である。

真淵の門弟への手紙は、まるで通信添削のように、各地から送られてくる歌稿にいちいち朱を入れて送り返すかたちのものが多く、伊勢松坂にいる宣長にたいしてもそうであったが、宣長にあっては特に万葉集の読みをめぐって弟子が細かく問い、それにたいして師がひとつひとつ答えるという、長い長い答問録というべきものが数年にわたって——真淵の死の間近まで、取り交された。すなわち、宝暦十三年（一七六三）の両者の出会いから、明和六年（一七六九）真淵七十三歳で没するにいたるまでのあいだである。

真淵全集の書簡の巻には、宣長に宛てた手紙が十五通、収められている。そのうち、明和三年九月十六日の手紙にこんな一節がある——

詠歌の事よろしからず候、既にたびたびいへる如く、短歌は巧みなるはいやしといふは、よき歌の上にても、言よろしく心高く調子を得たるは、少しも巧の無きぞよき也、それにむかへては、よき歌といへど、巧みあるはいやしき也、まして風姿にも意の雅俗にもかかはらで、只奇言薄切の意をいへるは、総て論にも足らぬ事也、風調の事、心得がたしとの御問、こはいかなる事にか、風調は意の高きと賤はたれか見わかざらん、古今歌もいづれをよしとの問も心得ず、巧みなるを除き、其の外に唱へのけたかきをよしとする事、何のうたがひかあらん

これは、歌のことを説いているのであるが、真淵にはほとんど自明のことが、宣長にまるで通じていない様子が伺える。宣長という男は、才走っている分、頭でっかちで、歌のなかにも理屈が入るということなのであろう。それが真淵にははがゆくて仕方がないのである。謹厳でまじめで刻苦勉励なのはよいが、どうもこの弟子には、肝心の歌というものが、よくわかっていないのではないか。

そしてこの危惧は、万葉集の読みをめぐって、両者の相違を鮮明にするかたちで、先鋭化する。長文の同じ手紙の最後に、真淵は述べる——

万葉撰者・巻の次第等の事御記被遣候、是は甚少子が意に違へり、いはばいまだ万葉其外古書の事は

知給はで、異見を立らるるこそ不審なれ、か様の御志に候はば向後小子に御問も無用の事也、一書は二十年の学にあらでよくしらるる物にあらず、余りにみだりなる御事と存候、小子が答の中にも千万の古事なれば、小事には誤りも有べく侍れど、其書の大意などは定論の上にて申なり、総て信じ給はぬ気顕はなれば、是までの如く答はすまじき也、しか御心得候へ、若猶此上に御問あらんには、兄の意を皆書て問給へ、万葉中にても、自己に一向解ことなくて問るるをば答ふまじき也、されども信無きを知るからは、多くは答まじく候也、此度の御報に如此答申も無益ながら、さすが御約束も有上なればいふ也

九月十六日　　真淵　　宣長兄

よほど怒っている手紙だ。真淵にはどうも腹に据えかねるものがあったのであろう。しかし、これは師の一時の立腹ではない。ここにはこの師と弟子との、学者としてのまた人間としての性格のちがいが如実に表れている。ふたりの出会いの物語の第二幕がここにある。万葉集の読みについてのみならず、どうやら宣長は、真淵よりも、実直努力型の契沖、すなわち歌は俗塵を払う方便と心得た契沖阿闍梨のほうに、性情が似ていたのである。自然天然のままに歌から生まれたような、天性の詩人であった思想家――経験主義の堂々たる生活者真淵。そのゆたかな深いふところに抱かれるには、こ

の弟子はいまだなお、あまりに若く、硬い果実のようであった。

六、ちゝのみの　父にもあらず――「倭文子をかなしめる歌」

ちゝのみの　父にもあらず　はゝそばの　母ならなくに　なく子なす　われをしたひて　いつくしみ
おもひつる児は　初秋の　露に匂へる　真萩原　ころもするとや　まねくなる　尾花とふとや　鹿子
じもの　ひとりいでたち　うらぶれて　野べにいにきと　聞しより　日にけにまてど　うつたへに
こともきこえず　ちゝならぬ　われとやとはぬ　はゝならぬ　身とてやうとき　こひしきものを

《現代語訳》

父でもない、母でもない身のわたしなのに、まるで泣く子のようにわたしを慕い、わたしのほうも慈しみ、おもいをかけた児よ、少女よ。初秋の、萩の野の、露に衣摺るとや。鹿の子の、わたしを措いてひとり出で立ち、かなしみに沈み、野べに還ったと、聞けば日ごとに、また会えるものと、待ち望んでいたが、なんの音沙汰もない――父ならぬわたしは言問う、母ならぬ身は疎ましい、ただただ恋しいよ。

油谷倭文子《ゆやしずこ》――真淵門下の、土岐筑波子《ときつくばこ》・鵜殿余野子《うどのよのこ》とともに三才女のひとりと謳われ、見事な歌文をつくりながら、わずか二十歳という妙齢のまま幽顕《ゆうけん》を異にした。その愛弟子の死に遭遇して、真淵が詠った長歌二連のうちのはじめの一首である。宝暦二年(一七五二)七月、真淵五十六歳。真淵は、万葉集の柿本人麻呂をはじめ、長歌を愛し、重用した。そしてみずからも作歌した。短歌でことば足りないとき長歌で詠うのだという。実際には女児をもたなかった真淵である(晩年にいたっては、親戚から養女を迎えたりしてはいる)が、まるで愛娘を突然亡くした親のような嘆きぶりではないか。ちょうど年恰好からいえば、親子でもおかしくはないのである。しかし、

玉と思ふ露はくだけしはちすばにまたこそけさはあざむかれけれ　倭文子
よいよいに涙はゆるすをりもあるをやるかたなきぞ心なりける
思ふなる心に数はなきものをなほこそ待ためみとせ過ぐとも

これほどの歌の詠み手であってみれば「こいしきものを」という真淵の心情もまた、おもいなかばにすぎるというべきであろう。まことに、良いひとが早く逝くのである。いやそれとも早世のひとは皆、良いひととおもいなすこころの習性をわたしたちはどこかで培ったのかもしれない。あとにぽつんと

遺された者の現身の寒さを、すこし和らげる、そのなぐさめの代償に。短歌が二首、添えられている――

萩が花見ればかなしないにし人かへらぬ野べに匂ふとおもへば
あらきするにひもの秋はたつ霧の思ひまどひて過しだにせし

「匂ふ」というのは、うつくしく照り映えるということである。「あらきするにひも」は、新しく喪に服する「もがり」のとき、死者を埋葬するまでの通夜を表す。ともにうつくしく、哀切な挽歌である。この夭折した愛弟子の倭文子は、江戸京橋弓町の裕福な商家の娘であったという。十五歳で真淵に入門、たちまち死して消え失せた。ちなみに、真淵門下には、故地浜松近辺はじめ各地の男性はもとより、種々な階層の女性が百人ほどもいたらしい。倭文子はそのなかでも、きわめて特異な存在であったのにちがいない。

ちなみに、夭折の門人といえば、こののち、明和五年（一七六八）九月、真淵七十二歳のときに、村田春郷が三十歳で師に先立っている。倭文子も春郷も病死である。かれは、真淵が江戸へ出て来た当時から物心ともに援助をうけた日本橋の豪商村田春道の息子で、歌文に秀で、真淵は将来を期するところがあった。弟の春海は、加藤（橘）千蔭とともに、真淵の遺稿集である「賀茂翁家集」（文化三年）

の編纂をはじめ、真淵を後世に伝える重要な役目を担った。

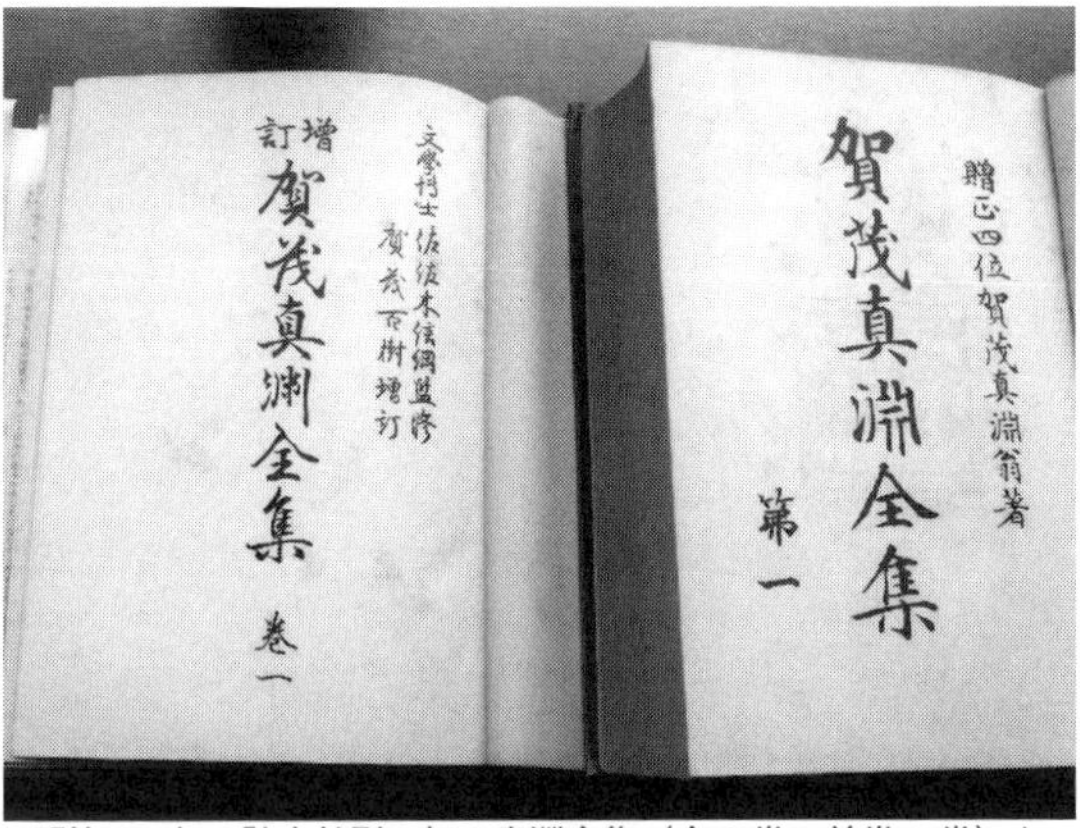

明治 36 年、弘文館刊の初の真淵全集（全 6 巻・首巻 1 巻）と
その増補版（昭和 2 年〜 7 年・全 12 巻）の見開き

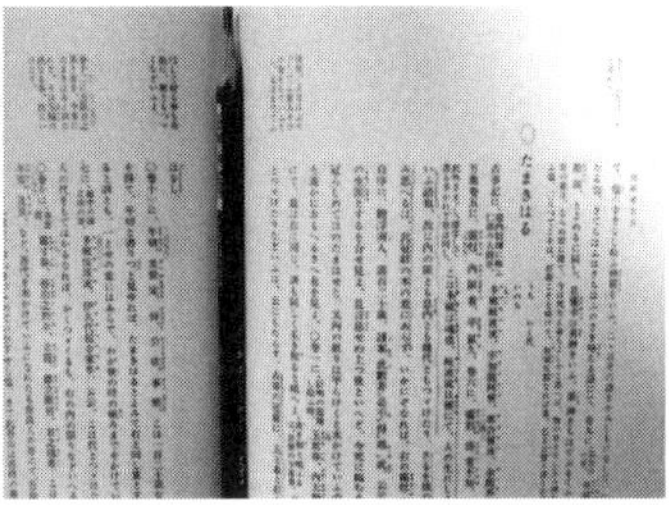

最新の続群書類従完成会刊の真淵全集（昭和 53 年〜平成 4 年・
全 27 刊・既刊 23 巻）の背表紙と「冠辞考」本文ページ

七、　於是延喜乃御時令撰有一巻尓――「延喜式祝詞解序」

於是延喜乃御時令撰有一巻尓、二十余六許乃祝詞有、延享乃今尓志弖加我那閉見例婆、辞上佐備弖風雅可尓、意巧尓志弖故縁有波、神賀吉詞、大祓詞奈里

まず、訓み下し文に直して書いてみる――ここに延喜のおんときえらまれたるひとまきに、はたまりむつばかりの祝詞あり、延享のいまにしてかなえみれば、ことばかみさびてみやびかに、こころたくみにしてゆえよしあるは、かむほぎよごと、おおはらえのことばなり

《現代語訳》

ここに延喜の御代に選定された一巻に、二十六ばかりの古い祝詞がある。延享のいまの代にあっておもいみると、ことばが古びて荘厳で、しかも洗練されて優美なふうで、おもいがうまくいい表されていて、由来もしっかりしているのは、神賀詞と大祓詞の二篇である。

これは真淵五十歳、田安宗武に仕えはじめて、最初に命を受け書いた延享三年（一七四六）の「延喜式祝詞解」の序文にみえることばである（句読点は「全集」による）。神賀吉詞はすなわち「出雲国造神賀詞」、大祓詞は「六月晦大祓詞」。わたしはこのことばとはじめて出遭ったとき、ひどく驚き、おもわずはたと、膝を打った。そのとおり！　とおもったのである。延喜式に収められた古典祝詞を通読して、わたしが感じ取った事柄と真淵がいうところが、あまりにも同じなのが、不思議であったし、おどろきであって、そのとき以来、真淵がいっそう好きになった。

還暦をすぎた最初の年の、最初の日の日記に、わたしはこう書いている——

> 晴。おついたち。朝六時に拝殿格子戸をひらき、本殿祝詞座で円座にすわって大祓をあげる。午前、授与所にいて、賀茂真淵の「祝詞解」を全集ですこし読む。その序文のなかに「辞上佐備弖風雅可尓、意巧尓志弖由縁有波、神賀吉詞、大祓詞奈里」という一句があって、わたしをいたく驚かせ、かつ歓ばせる。自分の感想とぴたりと合ったからだ。まさかこんなことを真淵が述べているとは！　それだからいうのではないけれど、僧契沖、荷田春満、賀茂真淵、本居宣長、平田篤胤という、江戸の国学五人衆のなかでは、わたしはなぜか真淵がいちばん好きである。文章が——したがって論のやりかたがまた、どこかゆったりとしておおらかな感じなのだ。思想の包容力ということでは、抜群ではないだ

ろうか。

おもえばそのころ、直感的に手にした花の蕾を、七十五になるいま、ようやく開花させようとしているのかもしれない。

「賀茂翁家集」（全集第二十一巻）には、「遠江国浜松郷　五社遷宮祝詞」（延享二年）など、真淵が書いた祝詞も収められている。

まがりなりにも神官の家に生まれた真淵は、一度も神職となったことはないとはいえ、その七十余年の生涯を通じて、つねに神社界に近く身を置いて、人間形成を果たしてきた。実際に、折にふれて祝詞も書いている。師友関係をみても、神主がずいぶんたくさんいる。試みに、全集の書簡の巻に登場する人物（宛先）を調べてみよう。神社関係はつぎのようである。

森暉昌（浜松・五社神社神主）
森繁子（暉昌の娘）
森為寿（繁子の夫）
杉浦国頭（浜松・諏訪神社神主）

杉浦真崎（国頭の妻、少年真淵の手習いの師）
芝崎栄子（江戸・神田明神神主芝崎好全の妻）
蓬莱《ほうらい》雅楽《ががく》（伊勢・伊勢神宮神主谷川士清の婿）
栗田《くりた》土満《ひじまろ》（菊川・平尾八幡宮神主）
斎藤信幸（磐田郡見附・天神神社神主）

師事した荷田春満が京都・伏見稲荷神社神主の羽倉信詮《はくらのぶあき》の子であったことはもとよりとして、このように交友だけをみても、いかに神社界に深く関わっていたかが知れる。森家と杉浦家はともに、真淵が少年のころから大いに世話になったのである。数をいうのではない。これらのひとと真淵のあいだにはずいぶん親身な手紙の遣り取りが何度もあったのである。しかも宝暦―明和という十八世紀なかばの時代のもの。そんな二百五十年ほどもむかしの書簡がいまに遺り、それをわたしが胸を熱くして読んでいる。僥倖とも奇遇ともいうべきではないか。

それにしても、むかしの神官は偉かった。折口信夫がいうように、かれらは「郷党の師父・一郷の知識」たるべき素養も人格も備えもったひとたちであった。古典を学ぶとは、いまを知ることにほかならない。いまを知るためにはむかしを学ばねばならないのである。最晩年の真淵が故地の年下の神主斎藤信幸に宛てたこんな手紙がある——

誰かいひけん、老子は無より有に入、釈迦は有より無に入、孔子は有の有をいふと、是よくいへること也、扨て已云、老釈の説は是也、有の有は変態無究なれば、それを定めいひしは皆偏説になりぬ、（中略）我神道は不有不無、この有無の間をいふべし、何ぞといはば四時の互に相うつる間の意也、不知して春になり、不知して夏になる、是天地交て物を生じ、夫婦交て子を生ずるが如し、此意を以て神代を解べく覚ゆ、いかがあらんや、御考候へかし、春夏交て草木栄え、夏秋交て稲の穂を含むなど自然の事にて、人力・人心の巧を不入、天地自然の巧なり、此自然ならで神道を心得る物あるべからず

真淵晩年の神道説の特質が、「国意考」などよりもわかりよく語られている。

また、「いはば正色は死物のごとく、間色こそ生物なれ」といい、同じ相手に別の手紙では、「異朝の道は方なり、皇朝之道は円なり、故にかれと甚違ふを、孔子などの言を信ずる故に聞がたし、老子・荘子などを見候はば、少し明らめも出来ぬべし、是は天地自然なれば、神道にかなふ事有」という。真淵が、思想的に老荘の道に親近するのは、かれの抱いた自然主義がいかにラジカルで徹底したものであったかを物語っている。それとともに、真淵のいう神道が、かならずしも天皇崇拝とか国家護持

とか尊王攘夷といったような考えに直結する性格のものではないことをも示している。

もっといえば、いわゆる「国学」の思想の流れを、契沖から春満、春満から真淵、真淵から宣長、宣長から篤胤へ、そして幕末維新の思想的背景へ——というひとつながりの系譜のなかで捉えようとする安易な歴史認識に反措定《はんそてい》を突き付けることである。真淵は真淵で自立している。別に宣長がいなくても真淵の真淵たるゆえんがなくなるわけのものではない。真淵は真淵だけの生涯をもって独立し、完結しているのではあるまいか。真淵とは何者か、と問われて「あの宣長が師と呼んだひとだよ」といわれ、それだけで妙な見当識を立て、なにか事が知れたようにおもうのは、じつに軽薄な人間認識ではないか。これはわたしの長年の疑問である。通俗的認識の枠を抜け出て、もっと深く自分で考えよ。考えつづけよ。

ところで、祝詞である。自身も祝詞を、事に当たって書いているが、真淵はその学問の業績をまず「祝詞解」から出発させ、そして生涯の最終幕においてふたたび熟したかたちで「祝詞考」を書いている。ちょうど「万葉解」があって、最後に「万葉考」がふたたび書かれるのと、対を成している。荷田在満と田安宗武と三者で歌論を交わした若い日の「国歌八論」があって、晩年に「歌意考」があるのとも、似ている。

延喜式に収められた古典祝詞のことばを読み解こうとする営みと、万葉集に集められた古代歌謡のことばを読み解こうとする営みと――この祈りのことばと歌のことばを、それを発するひとのこころの場所で捉えようとする試み。それを五十歳から七十三歳で死ぬまで休みなくつづけた。大いなる大器晩成である。ここにこそ、詩人思想家としての真淵が住んでいるのである。後代が勝手におもい描く系譜のなかなどに、ほんとうの真淵は存在しない。

真淵の「祝詞解」の序のなかの一句にいたく触発されたわたしは、それから五年ほど経って、未熟なものだが、現場の神職の存在理由を懸けるつもりになって、ほかならぬ六月晦大祓詞と出雲国造神賀詞という、二大古典祝詞を読む論稿を雑誌に連載した。祝詞のことばの「声調」と「修辞」とをめぐる、わたしなりに精一杯の、思索と体験の記録のつもりであった。それはのちに「古代・祝詞・スサノオ」と副題をつけた『ふかい森の奥の池の静謐』（白地社・平成二十三年）という本になった。それでようやく自分は一人前の神主に、いや半神主ぐらいにはなれたかにおもわれた。いま、同郷の神主にたいする、真淵の切々たる説諭の手紙の文句を読むとき、わたしの胸をよぎるのは、なんという情けない神主であったかという自責と悔恨のおもいにほかならない。先代宮司であり、わたしには文字どおり「師父」であった父に申し訳ない――その想いに泣くばかりである。

このわたしの祝詞論には、わたしの自筆祝詞、自社の水堂《みずどう》須佐男《すさのお》神社が阪神・淡路大震災から復興を成し遂げた折の「社殿竣工奉祝祭祝詞」（平成十年十一月二十九日）も、現代祝詞の修辞の作例として入っている。当時、この本のなかで、わたしは述べていた――

祝詞を書くことはほとんど詩を書くことだ
祝詞を詠むことは歌を詠むことに限りなく近い

と。そしてまた、

わが古典古代よ、息を吹き返せ。
祝詞よ、この地上にうつくしくすっきりと立て

とも、願いを込めて綴っている。この祈願の線上に、わたしの「真淵」はあるはずである。

八、一たび二たびら見て――「万葉集大考」

一たび二たびら見て、まだしき心もてことをかぎることなかれ、凡古の歌は、ふつつかなる如くして、よく見ればみやびたり、後の歌は寛《ひろ》なる如くして、よく見ればくるしげ也、古への歌ははかなき如くして、よく見れば真こと也、後の歌はことわり有如くして、よく見ればそら言也、古への歌はただことの如くして、よく見れば心高き也、後の歌は巧みある如くして、よく見ればこころ浅ら也、うたちふ物は狭《さ》きがごとくしてとほしろく、ものよわらに聞えて強し

《現代語訳》

一度や二度みて、いまだよくもわからぬ心組みで、事がわかったように決めてはいけない。およそ、いにしえの古歌は、行き届かず田舎びているようだが、そのじつは、繊細で細やかである。それにひきかえ後代の歌は、寛容・寛大なようで、よくみると困ってくるしげである。古歌は、頼りなげにみえて、そのじつ真実をつかんでいる。後代の歌は、理路が通っているようにみえて、よくみると空疎なのだ。古歌は、ふつうの俗事を詠んでいるようだが、そのじつ、こころ根は高

い。こころ高きものがそこに現れている。後代の歌は巧みに詠んで技巧に優れているが、よくみれば、こころ浅薄だ。歌というものは、世界が狭いようで、ふとぶとしく堂々としており、もの弱々しくおもえて、そのじつ、強い。

「万葉考」は真淵の主著である。真淵のおよそ七十三年間の生涯をまるごと覆うほどに、万葉集と真淵との関わりは深くて広い。ということは、万葉集の歌こそが、真淵の歌学と古学とを貫く太い一本の道であったということである。

この太い一本の道のうえに、自分の故郷に関わる万葉歌ばかりを取り上げた「万葉集遠江歌考」、古典古代の歌の訓み方を論じ探求し実践してみせた「万葉解」「万葉新採百首解」、そして門弟宣長との書簡での問答「万葉集門目」などの著作が並んでいる。真淵というひとは、稀代の大器晩成型、発展展開してやまない、永遠の途上のひとであり、思想家であったから、万葉についての研究、考えも、つねに発展途上というふうで、その螺旋階段をすこしずつ踏みしめて次第に高みへと登りつめていくそのプロセスこそが、真淵が歩いた人生の道程にほかならない。

「万葉集大考」は「万葉考」の冒頭にある総論で、単なる注釈書ではない、読解と批評を兼ね備えた、いわば詩と哲学を含みもつ、真淵独自の万葉観といったものが述べられていて、なかなかにおもしろい。これはその総論の一節。

一度や二度みて考えたくらいで、物事がわかったように決めてしまってはならない。そして歌というものは、世界が狭いようであるが、ほんとうは奥深いのであり、もの弱々しげにおもえてじつは強いのだ――と、こういうことを真淵は万葉歌をひとつひとつ注釈しながら、その作業のなかで、おもい、会得し、説いていくのである。「よく見れば」を五回も六回も繰り返しているのは、単に強調のための修辞なのではあるまい。真淵自身が、何十年かけてよくよくみたからである。「よろづのことの葉にまじりてとし月をわたり、おのがよみづることのはも心も、かの中にもよろしきに似まくほりつつ、顕身の世の暇あるときは且見且よみつつ、このなかに遊ばひをるほどに、いにしへのこころことばの、おのづからわが心にそみ、口にもいひならひぬめり」。長い年月にわたり、経験を積んだ、堂々たる自信のほどが伺える。

実際の万葉歌の「訓み」について、真淵がいうところを聞いてみる。

寛延二年（一七四九）の「万葉解通釈並釈例」（真淵五十三歳）に、こうある――「凡古書はたとひ誤字とみゆるとも多くは其ままにして傍に私の意を注し付へし、己は誤なりとおもふ文字も正義なる後賢の弁出来んも知りかたければ也」「万葉を読まんには今の点本を以て意をば求めずして五行《たび》よむべし」「凡後世の人古書をみんには後世の習を忘れ心を空しくしてみるへし」。これらはなお、大つかみの心得のようなものといえよう。さて、もっと具体的にはどうか。それが「約言《つづめごと》」と「延言《のべごと》」、そして清濁・音便。また冠辞（枕詞）である。

まず「約言」というのは、たとえば「国中」クニウチを「久奴知」クヌチというように、「尓宇」ニウの二語を約めて、「奴」ヌ一語とするがごとくだ。「我妹」ワガイモを「和芸毛」ワギモ、「物にぞ有ける」を「物にざりけり」というのも約言。「延言」は、「見」ミルを「美良久」ミラクというように、「留」ルの一語を「良久」ラクと二語に延べていうたぐいのことである。

約言も延言も、ことばを整え、しらべをよくするために用いるのである。万葉集の巻頭御製を例にとれば、「告閉」ノラへは「能礼」の礼を延べたのであり、「名告佐根」ナノラサネは「名告」ナノルを延べたのである。また、「行知布」イクチフ「行登布」イクトフはイクトイフの転通音であるが、しかし「恋てふ」「有てふ」などと訓をつけるのは、「氏布」テフという仮字は万葉にはないゆえに、誤りなのだ。このたぐいは万葉集中にたくさんある。

真淵は割注していう――「凡てふの語はと云といふ心とはだれもしれど其本をおささる故に明らかに注せし物なし、惣ての語をおくくらくして、おのが心にもおちぬ事を人に教ふるものゝ中には多し、みづからおのれをあざむくもの也」と。「仮字《かな》定りて後語を釈すべし、然れば古来の仮字を通し知べし」である。この「約言」「延言」のことは、「語意考」のなかでも語られている。

万葉研究は、なんといっても真淵の学問の、歌学のみならず、古学をも含んだ業績の中心である。万葉に出で立ち、万葉に還り行った感がある。主著「万葉考」だけで全集五巻分を占める。そのほかの伊勢、源氏などの物語論、古今集の購読や注解、祝詞や古事記への取り組みなど、すべてが万葉集の歌の訓みへの執着、積年の業績を基礎にして成り立っているのである。それはやがて、晩年の思想的達成である「冠辞考」「歌意考」「国意考」「祝詞考」となって熟する。

なお、万葉集に関する本は、掃いて捨てるほどあるだろうが、歌人のほうからは斎藤茂吉『万葉秀歌』(岩波新書・昭和十三年)を、研究者のほうからは西郷信綱『萬葉私記』(未来社・昭和四十五年)を挙げておきたい。

九、凡いにしへは人の心なほければ——「冠辞考序附言」

凡いにしへは人の心なほければ、いふこともなすわざもやすらかなれど、世くだち語転《ことうつ》りて、今より思ひはかるにはいとしもかたき也

《現代語訳》
いったい、古き世はひとのこころがまっすぐで、おもうことも素直であり、いうこと成すこと皆、やわらいでおだやかであるが、時代が下って、ことばも転変推移して、現代からそういう古代をおもいはかるのは、なかなかに困難なことではある。

真淵が、事あるごとに繰り返し述べる事柄である。ことに古学が熟し、古典古代へ還る意思が強くなるほどに、つまり年を重ね人生の経験を積んで晩年にいたるにつれて、かれの胸を締め付けたおもいは、これであった。しかし、一読わかったようなれども、よく考えてみれば、これはなかなかに難解なことばでもある。

だいいち、真淵の強調する「いにしえ」とはなにか。そこにあっては、ひとのこころ直く、いうこと成すこと、少なくてやすらかであるとは、どういうことであろうか。われわれは、すでにしていまここに、逃れがたく心汚く、ひんまがって、ことこともことばも多すぎる世に放り出されているではないか。そんな身のわれわれにさえ、こころ直く、こと少なく、ことばやすらかな、そんな夢のような「古代」があったというのだろうか。真淵というひとは、本気でそんな「古代」を信じ、夢みたのか。それは、いささか妄想、空想ではないのか。

そう、かれはまぎれもなくそこに理想の国を視たのである。しかも、古き世々の「うたのことば」を通路として、窓として、道として、はっきりと視たのである。いわば慣れ親しんだ歌の学びを認識基盤にして、その基礎に立脚して古学を築いていったのである。万葉集をはじめとする古代歌謡を、何十年となく、何百回となく、読みこむ作業を繰り返すなかで、真淵のこころは古代のことばがあたかも直に耳に聞こえ、胸に響くように感受した。そういってもよいであろう。古代にこそ、人間の住むべき理想郷は存在する。それを明証するものこそが、いにしえの歌の数々にほかならない。ここに真淵における歌学と古学――詩と哲学とが一致する。真淵に向かって、「汝、なにしにこの世に来たりしか」と問うてみよ。かならずや「この古代なる理想郷へ還るべく、われはこの世にやってきたのだ」と答えるであろう。かれは、還るために来った矛盾のひとである。その存在の矛盾をこそ、活動のエネルギーにして、七十三年におよぶ生涯を、発展しつつ駆け抜けた。

さて、冠辞というのは、いわゆる枕詞のことで、真淵は師の荷田春満の、辞の上に冠ぶることばだから冠辞と呼ぶというのに倣った。奈良《なら》に「あをによし」、命《いのち》に「たまきはる」、神《かみ》に「ちはやぶる」とつくのがそれである。そうした万葉集はじめ古典古代の文献に出てくる枕詞三百五十語についての研究書が「冠辞考」にほかならない。「万葉考」とともに、二十数年にわたって筆を加えつづけた、真淵の代表的著作で、おそらく真淵の刊本のなかで最も広く流布し、読まれたのではないだろうか。

冠辞のいくつかについて、例を引いてみる。


〈うつせみの〉

これは、いのち・世・人などに冠せられる。「万葉巻一に、空蝉之、命乎惜美、巻三に、虚蝉之、代者無常跡、云々、こは顕《うつ》しき身の命、顕《うつつ》の身の世、とつづけたる也」。ところで「空蝉」とか「鬱膽」とか「虚蝉」と書くのは、そういう字を借りているだけなのだが、後人は「空蝉の字に泥て、蝉脱《もぬけ》の事とのみおもへり」

しかしそうではなく、本来は生き死にあるひとのいのちということである。たとえば柿本人麻呂が忍坂部皇子に献じた、万葉集巻一にある長歌に、「宇都曾臣跡　念之時　春部者　花折挿頭　秋立者黄葉挿頭」（うつそみと、おもいしときに、はるべには、はなおりかざし、あきたてば、もみじばかざし）といううつくしい詩句がある。これなど、忍坂部の妻のもがりのときに、生前のすがたをおもって詠んだのである。うつせみのいのちを詠んだのである。うつそみ・うつしみも、うつせみの音が転じたまでで、同じ意味だ。ただ、古今集のころまで時代が下ると、古語本来の意味が忘れられて、蝉のもぬけに譬《たと》えて、はかなきことにいいなすように移っていく。ちなみにわたしが先に引いた拙歌「顕し身さぶく秋風ぞ吹く」という、その顕し身などは、古代と中世とのあわいにあるような具合でもあろうか。

〈たらちねの〉

これを、母に冠することは多くのひとが知っているが、なぜそういうのか。真淵いわく、「赤子を育《やしない》つつ日月を足しめ成人《ひととなる》は母のわざ也、よりて日足根《たらしね》の母てふを、日を略《はぶ》き、志と知と通わせ、根てふほめ語《ことば》を添て、たらちねの母とはいふ也」

足したり省いたり通わせたり、まるでことばの魔術師よろしく操作を施す――これが真淵の注釈の常套手段であり、得意とする古語解読の方法なのである。ほう、と感心させられるときもあれば、ちと乱用しすぎではないかと、心配になる場合もあるが、真淵のことばについての直感力には、天才的な芸術家肌の学者をおもわせるものがある。

なお、「垂乳根」と書くのは、字を借りただけで、「字に泥て乳を垂るは母の常なりと思ふ人あれど、古言にさる理りめきていふ事はなし、恵を垂るに同じなど思ふも、さる事はから文字より移りたる心詞にて、古言古意にあらず、かかる意は千とせのかみの様を思はん人しるべし」と、真淵は割注して、きびしく念を押して説いている。われわれも心して聴かねばならぬ。ちなみに『万葉秀歌』の著書があり、真淵を好きであったらしい斎藤茂吉に、「のど赤き玄鳥《つばくらめ》ふたつ屋梁にゐて足乳根の母は死にたまふなり」の挽歌がある。

〈たまきはる〉

うち・いのち・いく代などの冠辞である。万葉巻五に、霊尅《たまきはる》、内限者《うちのかぎりは》、平気久《たいらけく》、巻六に、霊剋《たまきはる》、寿者不知《いのちはしらず》、巻十一に、玉切《たまきはる》、命者棄《いのちはすてつ》、古事記に、多麻岐波流《たまきはる》うんぬんなどとあるように、多麻は魂、岐波流は極まるで、「人の生れしより、ながらふる涯《かぎり》を遥にかけていふ語」である。

それなのに、「後の人、命のいま終る極みをいふとのみ思へるは、此冠辞の本の意にあらず」

万葉巻十五には、「わぎもこに、こふるにあれば、たまきはる、みぢかきいのちも、おしけくもなし」という歌があるが、これも「その生《いき》の涯はほどなき物にもあれば、奈良人に至りてはかく転《うつ》していひなせり」。「うつせみ」の場合と同じことである。これも茂吉に、つぎの歌があるのが、おもい合わされる――「あかあかと一本の道とほりたりたまきはる我が命なりけり」。そんな茂吉に並べてかかげるのは、まことに気が引けるのであるが、拙歌二首――

たまきはるいのちを惜しみ真淵よむ日ごと言葉は刻みつけつつ
ゆめなれや古典古代へ還る道真淵たずさへ還りかゆかむ

十、かなしきとは――「宇比麻奈備」

かなしきとは、物のいたりて身にしむをいふ

《現代語訳》

かなしいというのは、物事が極まって、身に沁みることをいう。

「宇比麻奈備」は、小倉百人一首の真淵による注釈書である。晩年に成ったもので、若い日、四十代なかばに「百人一首古説」という、師荷田春満の養継子在満との共著もある。「百人一首古説」は、真淵がまだ、田安宗武に和学御用掛として任官する前の、四十代の著作で、「賀茂真淵著 荷田在満校」となっている。在満は、荷田春満の養継子で、真淵の前任者でもあった。この在満、真淵、宗武の三者による歌論のやりとりが「国歌八論」である。

宇比麻奈備は「初学び」の意で、高度な啓蒙書、古典入門の書となっている。この一句は、「奥山にもみぢふみわけなく鹿の声きく時ぞ秋はかなしき」の注釈のなかにある。なんでもないような一句

であるが、感じ入った章句にはいつもそうするように、わたしはここに鉛筆で太く波のような傍線を引いたのである。というのも、かなしきとか、かなしみということばを、わたしがたいそう大切におもい、また執着するものがあるからだ。

ここで私的なエピソードを差しはさみたい。

あるとき、どんな状況だったか忘れたが、たしか台所で妻となにかふたりで話していたとき、妻がふっと「あなたの生涯を一言でいいあらわすとしたら、どんなことばになるとおもう?」と聞いてきたことがある。わたしは不意を食らって一瞬黙ったあと、すぐに「そうやな、かなしみ、やな」と返していた。妻は、わかったのかどうか、「ふうーん」といって、なにか考えるふうであった。しかしわたしはそのとき、その自分の咄嗟の答えに驚き、そして満足していた。自信というのも変だが、いい当てたな、という感じがあったのである。

願ったのではないのに、実際、わたしの人生はかなしみに貫かれている。

「すさのをのかなしみのみをしんじつに國學院を吾が去らんとす」——と詠って、ついに適応できぬまま大学を去り、東京とおさらばした。そのとき出した最初の評論集を『帰巣者の悲しみ』とした。詩的自殺論といった内容の本であった。二十六歳の終わり、青春との別れであった。

「かなしみは光り輝く静寂の春まだ浅き陽だまりにいて」——末期がんを患って入院している父

に、身の回りの物などを届けるために、自宅と病院とのあいだを自転車で走っていた。信号でたちどまったとき、晩冬の陽がふと、そこらを淡く照らし、しずかに陽だまりをつくっていた。父はもう助からないだろう。それなのに自分はいまなにをしているのか。なにができるのか。そうおもうと、かなしみが身を襲ってきた。大いなる期待を裏切り、子も成さずに先の妻を立ち去らせて、それでなにがしたいというのか。物にいたりて身に沁む、とはこのことだ。敬愛措く能わぬ父との別れがおもわれた。

そののち、父の死（享年六十五、わたし三十四歳）、そして五十代はじめに、阪神・淡路大震災の、夢かとおもう被災を経て、わたしは歌集を編んだ。父在りし日の歌にちなんで、『かなしみの陽だまり』とその歌集を名付けた。六十五歳であった。そこからさらに十年、わたしはいま、かなしみの真淵を書いている。

かなしみは、漢字を宛てると、悲しみ・愛しみ・哀しみなどという。悲嘆・悲傷・悲歌、愛惜・愛情・愛憐・哀傷・哀愁・哀歌。二字熟語でいえば、こんなところであろうか。ひらがなの「かなしみ」はそのすべてにわたる。わたしにだって、人生おもしろし、と感得されることもある。しかしそれは、かなり限定的な感受である。真淵はいう――

かなしきとは、物のいたりて身にしむをいふ。子をかなしむといふ類也、或人は面白しといふことといへれど、面白といふはまだしきほどのこころにて、かなはず、時ぞのぞは、いひ決《さだ》むる言葉、秋はのはは、事をいひわかつことば也。

真淵がこの歌の入門の書で説いている大事なことのひとつは、百人一首の歌が、かならずしも古歌本来のすがたことばのままではないということである。たとえば、「春すぎて夏きにけらし白妙の衣ほすてふ天のかぐ山」という歌は、もともとは万葉集にこうあるのである——「春過而　夏来良之白妙能　衣乾有　天香来山」（春過ぎて夏来たるらし白妙の衣ほしたる天の香具山）。この二首のちがいがわかるだろうか。万葉集の歌のほうが、断然、歌として正しく、優れているということが、わかるだろうか、と真淵は問いかけているのである。

まず、二の句を「夏来にけらし」とよむのは誤りで、夏来たるらしとか、夏は来ぬらしとよむべきである。また「衣ほすてふ」とよむのも、たいへんな誤りだ。有の字を「弖布《てふ》」とよむ例はないからだ。それに、てふは、「という」の意で、歌の意とはちがうのである。なお「白妙」は、しろたえ・あらたえというように、「白とは染ぬ絹布は白ければ、白雪白波のごとくそへていふのみ」。それなのに「白妙の字によりて明白なることといへる説は、古書に委しからざる也」である。真淵は、細かい字で割注して述べている――「古書には正訓・借訓・義訓相混ぜり、よく古書の例と、その歌の意とを考ふべし」と。

似たような例がある。山部赤人の万葉の歌に、「田児浦従　打出而見者　真白衣　不尽能高嶺尓雪波零家留」(たごのうらゆ打ち出て見れば真白にぞ富士の高嶺に雪はふりける)とあるのが、百人一首では、「たごの浦にうち出て見れば白妙のふじのたかねに雪はふりつつ」となっている。もちろん、「雪はふりつつ」と「雪はふりける」とでは、歌のこころことばが、まるでちがっているのである。時代が下ると、歌のすがたも、このように転じ、変わる。しかし「後世の歌に便せんとて古歌を誣《しひ》るはひがごと也」とは、ここにつけた真淵の頭注である。いまふうに便乗して、古歌を事実実情とちがったようにつくりかえたり、伝えたりするのは、道理に反すること、偏っているし、まちがったやりかただというわけである。

真淵がいいたいことのもうひとつは、ようするに、「古への歌の真こととは、其いへる心はよくまれあしくまれ、おもふ心のままにのべ出すをこそいへ」ということ。それが時代が下って古今・新古今ともなると、「はやく古へとことに成りて、言のみまことめく世と成し也」。古代主義の真淵が、ここにもはっきりと顔を出している。

そしてそれは、「世の中は常にもがもな渚こぐ海人のをぶねのつなでかなしも」という源実朝の歌にふれて述べているところに、いっそう鮮明である。いわく――「此公（鎌倉右大臣実朝）万葉を好みて、かりにも後世のくしたる巧みをなさず、且自ら得たる風骨なれば、後世のならはしを離れ得ぬ人の及べき事にあらず、年高きまでおはしまさましかば、歌は再興《ふたたびおこ》り、大政も古へにかへらまし」。「つなでかなしも」の歌については、古今に「陸奥《みちのく》はいずくはあれど塩かまのうらこぐ舟のつなでかなしも」、また万葉巻一に「かはづらのゆづいはむらにくさむさずとこにもがもなとこおとめにて」などとある「意言《こころことば》」をふまえて、「うつし身は定めなし、命しなぬ世にもがな、さらば幾度も来て見ましをと也、かなはぬ事をねがふは、極めてふかく思ふ時の情で、古歌には此意を常とす、万葉に右の外にも、よきけしきを見て、命をしみたる歌ども数あり、がもなは、がなといふに同じくて、もは助辞也、つなでは綱手にて船に綱つけて、手して引故にいへり、縄手・手綱てふ手も同じ、かなしとは、ここはあはれおもしろしと思ふが余りに、心に染《しむ》をいふ也」

真淵は、これを書くときにはすでに、実朝の歌集を編んでいて、自分がよいとおもう歌のあたまに「○」を付け、さらに優れているとおもうものには「○○」と印を付けて、「鎌倉右大臣家集の始に記るせる詞」という序文まで書いた。ちなみに「つなでかなしも」の歌には丸がふたつ付いている。なお、この真淵編の実朝「金槐和歌集」は、斎藤茂吉校訂の岩波文庫で読むことができる。真淵は、この序文でも実朝の歌を最大限に称揚している――

此大まうち君（実朝）の詠み出で給へる歌こそ、奥山の谷の岩垣踏みはららかしいでて、大空に翔ける龍の如く勢ひありて、大野や草木も諸向け、八重立つ雲霧を払ふごとくひたぶるにして、いかく雄々しく雅びたるいにしへの姿に返り給へりけれ、今この事を思へば、厳く直からぬは古の神皇《かみすべらぎ》の道にあらず、ををしくみやびたらぬは、大丈夫《ますらを》の歌ならぬ事を、さだかに思ひ知りにける

こういう、ムキになって事に当たる直接的な姿勢、こころに沁みることばに向かっていく真っ直ぐな態度、口先手先の巧みや知的な技巧に走らない子供のような真っ裸の純真、そういうものこそ、人間真実の道ではないか。真淵のいわゆる「ますらをぶり」とはそういうことではないか。実朝や人麻呂の歌をこよなく愛でてやまない真淵がここにいる。

なお、余計なことながら、百人一首ときけば、わたしは決まって父、そして祖母をおもい起こす。

小学高学年くらいのころ、わたしの家では、父もしくは祖母が読み手になって家族や友達と「かるた取り」をして、座敷で遊んだ。お正月をはさんだ冬休みのことが多く、着物すがたで畳に正座して、片手を小さな陶器の、白く円い火鉢にかざしながら、もう一方の手で読み札をもって、いかにも愉しそうに読み上げていた父のすがたが、いまもはっきりと目に焼き付いている。父や祖母は札を取るのも、うまかった。祖母は、「むべ、さんぷうを、あらしというらん」などと、百人一首の歌をおもし

ろおかしく読んで、子供たちを喜ばせた。祖母は明治時代から小学校の先生だった。わたしはそのころからトランプやゲームやといった勝負事が苦手で、すぐ飽きてしまうのだったが、ひとつ学年が上の兄は、ほとんど全部の歌を暗記していた。四つ年下の妹は、「乙女の姿」の一枚だけを覚えて、それだけは「あまつかぜ…」というが早いか、「はい！」といって札を取っていた。すこしほかの歌も覚えだすと、負けるのがくやしくて、よく大声で泣いた。平和であった。いまでは、祖母も父も、若いころから歌が好きで、自分でもすこし歌を詠んでいたことを承知しているわたしであるが（ちなみに、父方の祖父に、明治三十年ころの皇學館在学時代のノート「実朝論」というのがある。この祖父もへたくそながら生涯、歌を詠んだ）――その当時はそんなことはなにひとつ知らなかった。ただ、ふつうの父や祖母とは、どこかちがった雰囲気があるという気はしていた。わたしはなぜか、このふたりの肉親、父と祖母が、とても好きであった。自分が成長するにつれて、敬愛の念が増していった。

やがて、この愛するふたりはふたりとも、自死して果てた。祖母は嫁姑の諍《いさか》いの末、父は闘病の末のことだった。わたしの「かなしみ」の根っこは、ここにあると、いまもおもっている。わたしがほんとうにものを書き、言語表現ということに真剣に取り組みはじめたのは、死んだ祖母に出す手紙というかたちの作品を書いたときであったかもしれない。十九歳であった。

十一、月のさかりに――「岡部日記」

月のさかりに、水の面こそ物よりもあかね。浜名の橋の程遠くも近くも、月の舟うかべたらんぞこよなかるべきとて、人々小舟とりまかなひて、入野の村の入江よりさしいでて、雄踏などいふ村右に見てさしわたす

《現代語訳》
月の明るい夜に、みずうみの水面を眺めるのは、なかなかいいものだ、いくらみても見飽きることがない。浜名の橋のあたり、遠く近く、月夜に舟遊びの舟を浮かべるのは、これまたじつによろしい。ひとびと小舟を段取りして、入野という村の入江から舟出して、雄踏などという村を右にみて舟を漕ぐ。

平成二十九年の春、真淵の故郷である遠州浜松を、わたしははじめて訪れた。浜松駅前のビジネスホテルに宿をとり、ゆかりの地をひとりで歩いて回ったのであるが、その折に、真淵を祀る縣居神社

の境内に隣接して建つ浜松市立賀茂真淵記念館にも立ち寄った。ウイークデーの昼時であったが、ひとりの先客が去った後はわたしのほかだれも来ず、おかげで案内の学芸員を独占してゆっくりと館内を見学した。

真淵の「万葉考」の版本や郷土にゆかりの国学者のものなどいろいろみたなかでも、一枚の彩色の肖像画（掛軸）が印象的であった（表紙カバーおよび次頁を参照されたい）。帰りがけにわたしは受付で本を三冊買った。評伝『賀茂真淵─生涯と業績』（寺田泰政）、マンガ『賀茂真淵先生』、そして『賀茂真淵　岡部日記　訳注』である。『賀茂真淵─生涯と業績』は浜松市立賀茂真淵記念館・浜松史跡調査顕彰会が、昭和五十四年に刊行したもので、平成十九年に再刊されている。こうした記念館や資料館などが出す啓蒙冊子は、概しておもしろくないのであるが、本書は驚くべき力作で、わたしのような独学者には殊のほかありがたい。この本のなかでもしばしば言及されているが、井上豊《みのる》の『賀茂真淵の学問』（八木書店・昭和十八年）という一冊の真淵論が、これまたわたしをまっすぐに真淵に向かわせた、とんでもなくすぐれたものである。このことを、銘記しておきたい。寺田氏は記念館学芸員、井上氏は「全集」解説者（とりわけ思想方面を担当する）のひとりでもあった。

「岡部日記」は真淵が四十代なかばのとき、いったん捨てた故郷へ、いっとき戻ったときの紀行で

賀茂真淵の肖像
（浜松市立賀茂真淵記念館所蔵）

あるが、この訳注は地元の高校教師の宿願によって成ったもの（「遠江資料叢書七」）で、古典文学と地理歴史とを兼ねた郷土観察の好教材たらしめようという意思のもとに書かれ、編集されていて、それがたいへん気持ちよく、すぐれた冊子に仕上がっていることに驚かされた。

真淵ゆかりの地は、ほかに賀茂神社、諏訪神社、梅谷本陣跡などを訪ねたが、あくる日は市の西のはずれの佐鳴湖《さなるこ》という小さな湖まで足を伸ばした。緑ゆたかな並木が湖畔を囲み、その並木のあいだから眺めれば、対岸がぐるりと見渡せる、落ち着いた風光明媚な場所で、南端は水路で浜名湖とつながっているようであった。それはちょっと、琵琶湖とその北に隣接する小さな余呉湖との関係に似ていると、関西に住むわたしにはおもわれた。わたしは枯れ草が残り、たんぽぽが咲く湖畔をすこし歩き、写真を撮ったりした。

この佐鳴湖が「岡部日記」に出てくる。そのはじめにこの句はある。月のきれいな夜に、小舟に乗って、佐鳴湖の南端の入野村あたりから、浜名湖のほうへ漕ぎ出した、という。岡部日記は、四十四歳の真淵が、それまでに蓄積した古典の素養を随所に活かして、多分に文学的粉飾を施した紀行文といえるもので、この湖上遊行の場面も、事実そのままとはいえないとしても、たしかに佐鳴湖や浜名湖へ遊びに出かけることは、この帰郷のときにもそれ以前にも、幾度かあったとみてよいであろう。浜松の真淵の実家から数キロといったところ、歩けない道のりではない。

岡部日記なかごろの、「舞沢の松・引佐細江《いなさほそえ》のみをつくし・浜名の橋」という小節（原本「賀茂翁家集」にはこうした小見出しも句読点もついていない）に、佐鳴湖から浜名湖へ渉るあたりの記述がみえる。そのあたりは真淵には故郷の自然風景として、もともとなじみの地域であるが、万葉の歌や三代実録の記述などを引きつつ、地理歴史の跡をたずねる紀行に仕立てられているのである。たとえば「引佐細江のみをつくし」は、このような文章である——

右のかたは、いく里ともなく入江はるばると見わたさる。其の入江のおくぞ引佐細江なりける。されば其の所の山の名を大いなさ、小いなさといひて、其のあたり引佐郡にて、引佐村もあり、あらゐの渡り波風あらきをりは、浜松の城の北より道ありて、気賀の関こえてゆけば、此の入江まぢかく見えて、けしきえもいはずおもしろし。これは万葉集の遠江歌に、〝いなさ細江のみをつくし〟とよみしより名たたる所なり。其の比かのわたりの任にてすめる人か、あるいは郡司などの歌なるべし。後の人は、今の大道のほとりならでは、みやこ人・よき人などのゆきかふ道あらじと思ふより、舞沢より浜松へすぐる道の右の方なる、蓮ある池の長きをそれにやといふもののあるは、むかしの様をしらぬなめり道の話である。この帰郷譚は「岡部日記」とも「岡部の道の記」ともいう。なるほどとおもわせる。「岡部」というのは、真淵の故郷の地名でもあり、真淵の本名でもある。その意味で、この生前発表されることのなかった紀行文は、真淵中年期における出自への回帰、その問いかけの、それなりに必死な、必然な、かなしい試みであったのかもしれない。

真淵はなぜ岡部日記を書こうとしたのか。かれはおそらく、生涯に一度、みずからの人生を物語化しよう、自己劇化しようとしたのではないか。歌学書でも古学書でもない、といって日記そのものでもルーツ探しの自伝でもない、中途半端な日記のような紀行のような、旅の記・道の記。表向きには、老いたる母を見舞うとか、養子に入った家、すなわち梅谷本陣に置きっぱなしの妻子と再会するとか、亡くなったばかりの恩師杉浦国頭(諏訪神社神官)、その妻で少年のころ手習いや歌を教わった真崎(荷田春満の姪)に会って、なぐさめたいとか、いろいろな理由はあったろう。しかしそれだけであれば、わざわざこんな文学的紀行文を、擬古的に綴ることは要るまい。

この作品のなかには、女性が四人登場する。老いたる母、置き去りの妻、懐かしの真崎、そして亡き先の妻である。それぞれに真淵の生涯において重要な位置を占める女性といってよい。信心深く、利他的精神に富んでいたといわれる母親。学問がしたくてしたくてたまらず、家業に身が入らぬ真淵を、京都、ついで江戸へ遊学させて、梅谷本陣の仕事を引き受けたかたちの妻。おそらく生まれてはじめて出遭った敬愛に値する女性の真崎。けれどもほんとうに真淵がこの帰郷の記録のなかで、銘記したかったのは――密かに語り伝えたかったのは――わずか一年ほどの結婚生活で、あっという間に病が奪ったという、最初の妻、もう幽顕をたがえた妻、逢いたくても逢えぬ妻、死者となった妻のことではなかったろうか。

その宿願が充分に果たせたかどうかは別にして、ごく短い「とこ世をしたふ雁」という章がある。引いてみたい。

おもひのほかにとどまりて、九月四日にもなりぬ。此の日はさきの妻のうせにし日なれば、はやく住みける家にてあととひなどして、墓にもまうでたるに、いつしか十七年にこそなりにたりけれ。あはれなる事そのをりばかりおぼえてしほたれをるに、雁の鳴きければ、

ふりにけるとこ世をしたふかりのみはめぐり来てこそ鳴きわたりたれ

この歌の口語訳にいわく――「いまは遠い昔のこととなってしまった妻とふたりの楽しいあのころを恋い慕って、仮の身のわたしが墓に詣でて涙にくれていると、雁がかなしげに鳴き渡ってゆくばかりだ」

こうした感傷性というか、情緒はげしくゆたかな側面は、真淵という詩人の成り立ちを考えるとき、見逃しがたい要素である。後年の万葉主義、ますらを強調のことをおもえば、ちょっと意外にも映るのであるが、中年期までの真淵はむしろ、源氏物語や古今集の歌に親近する、女性的な「たをやめぶり」の一面をもっていた。真淵という思想家は、絶えず展開をやめない。一時期だけをみて、全体を見渡すことを忘れてはならない。しかしながら、そもそも「全体を見渡す」など、だれが、どうやれば可能になるのだろうか。じつにこの問いかけのなかに、わたしがあえて断片の重ね撮りのような方法でもって、自分の真淵像をあぶりだそうとする出発点があるように感じられるのである。

この「岡部日記」の旅から江戸へ戻った真淵は、明くる年、「万葉集遠江歌考」をまとめ、さきに引かれた、引佐細江の歌についても詳述している。歌は「とほつあふみ　いなさほそえの　みをつくし　あしをたのめて　あさましものを」という。

ところで、わたしは自身の強引な推測だけで、真淵は最初の妻のことをこそ岡部日記で述べたかったのだといった。もとより、なんの論拠も「物証」もない話である。だいいち、いろんな真淵研究書に当たってみても、その夭折した妻の事跡は、親戚の娘であったということぐらいで、ほとんど伝えられていない。ただ、この妻のことを真淵がずっと忘れがたくおもっていたことだけは、まぎれもない事実なのであった。この帰郷のとき、真淵は妻子のいる梅谷本陣の家にはどうやら立ち寄ることもなく、「先の妻」と暮らした実家では、先妻の法要をし、墓に詣でて、そのうえ哀切な追慕の歌まで詠んでいるのである。そういうことが書かれている文章が、生前に発表されなかったというのも、肯けるではないか。真淵は、このふるさと紀行を書くには書いたが、先妻へのおもいにあふれた著作が人目にふれることをはばかって、そのまま、だれか友だちか信頼できるひとのもとに、預けておいたのでもあろう。それが後世、世に出た。

真淵というひとは、「熟す」のに時間がかかるのであった。若い日から、身の処し方、事の見分け方がぱっぱと軽々できる、そういう才子型では、どうやらなかったのにちがいない。思想家としても、胸いっぱい吸い込んだうえで、さて腹の底からゆるりと吐き出すたぐいの、まるで腹式呼吸みたいに息の深いひとではなかったろうか。

若き真淵のかなしみを沈めた佐鳴湖

十二、二月を伎佐良芸月と言うは――「語意考」

二月を伎佐良芸（キサラギ）月と言うは、久佐伎波里（クサキハリ）月也、草木の芽を張出すは二月也、其久佐伎の三言の約めは伎なれば、伎とのみもいふべく、又は草は略くともすべし、佐良と波里は韻通へり

《現代語訳》
二月の異名を、キサラギ月というのは、草木が張る、クサキハル月だからである。草木が芽を張りだすのは二月だ。新暦でいえば、ほぼひと月ずれて三月である。その草木（クサキ）の三音を縮めればキとなる。または草（クサ）を省くとしてもよい。そして、サラとハリは音韻が通じている――

頭注して、「後世衣更着の意といふは、不意に思ひていへる浅ら心の説也」という。真淵の死の年、明和六年（一七六九）に成った「語意考」から、わたしの誕生日が二月二十八日なので、たまたまこ

の句を引いたのであるが、長いあいだ、疑問であった。なぜ二月を「きさらぎ」というのか。更衣とも書くが、こういうのがいい加減な附会の説なのは、真淵にいわれるまでもなくわかっていたが、草木が芽を張りだす時節だから「くさきはり」で、それが約言や略言や転通韻などによって「きさらぎ」となるのだという説には、正直、目が覚めるおもいがした。よくこんなことばの曲芸のようなことを、考えつくものだと不思議な気もした。

ほかの月についても、一月は「毛登都月《もとつ》」ということで、この毛登を約めれば牟となるので牟月《むつき》という。睦月とか親月などと書き表わすのは、「いふにたらず、古言しらぬ人のから字の意もていへるは、皆此国の言にそむけり」。三月やよいは、草木伊也於比《いやおひ》という意だ。このように、六月みなつきは、加美那利《かみなり》月、すなわち雷がよく鳴る月、十月は反対に雷があまり鳴らない月なので、かみなしつき・かんなしつき・かんなつき・かんなづき、となる。雷を単にかみというのは、いにしえのつねである。八月はづきは、保波利《ほはり》月で、稲が穂を張るとき、九月ながつきは、伊奈我利《いながり》月、稲刈りの時季だからである。そして、十二月しはすは、登志波津留《としはつる》月。

真淵のいうところを聞いていると、農事に関わること、自然や天候の移り変わり、年のめぐりということが基本にあることが、如実にみえてくる。これは真淵の語感が、生活的な、自然の環境のなかから発出していることを物語っている。かれは少年時代、故郷浜松の地で、百姓の日常、農家の四季の暮らしに親しんだ経験をもっている。晩年には、隠居を縣居(あがたい)、すなわち田舎ふうの造りにして建てている。その家には、庭も畑もあった。皆、つながっているのではあるまいか。このつながりの唯中《ただなか》に、思想家真淵が住んでいる。

ところで「語意考」は真淵独自の国語学を開示した書であるが、その最たる特徴は、「これの日いづる国」すなわちわが国は五十音──「いつらのこゑのまにまに言をなして、よろづの事を口づからいひ伝へる」ということである。それは、日さかる国・もろこし・唐くに・中国が、「よろづのことに絵《かた》を書きてしるしとする」、表意文字なる漢字を用いるのと、大いに異なるのである。また、日のいる国・天竺・インドでは、「加行のみにも、加　我　伎也　加牟　我牟　伎也牟の六つ有て、合て三十音也、次にかくの如くの音を合せれば、甚多し、此国《わがくに》には清音五十の外に濁音二十有のみにて、甚言少なし、甚少なきを以て、千万の言にたらはぬ事なきは妙ならずや」である。

儒教のくに、もろこし。仏教のくに、天竺。儒と仏──真淵の古学における二大反措定である。ただし、「から国にては、凡老子のみぞ真の書なる……然れば万我朝をこそ崇むべけれ、彼老子、既此国の古へのならはしの如きを願へり、然れば天の下に、此国の古へばかりよろしきはなかりけり、時有りてから文を伝えば、かの老子にこそあらめ」──こう真淵は頭注して述べる。よほど老子が気に入っていたらしい。そしてそんな真淵をまた、わたしはたいそう気に入っているのである。「道なきを以って道となし、用なきを以って用となす……虚を到すこと極まりて、静を守ることを篤くす、万物並びおこるも、われは以って複《かえ》るを観る……」と老子はいう。さきに引いた高村光太郎の「老耼、道を行く」のような、キリリと引き締まった、勇ましい詩は書けないが、わたしにはそうした老子のことばは、たとえば「事物の本姓について」のルクレティウスや「自省録」のマルクス・アウレリウスのような、西洋古代における哲学的思索に通じるものがあるようにも感じられているのである——深くしずかに、隠れて生きよ、しずかに、しずかに、生きよ、と。

さて、五十連音（いつらのこえ）である。いわゆる「あいうえお」のことだが、真淵がここで掲げるのは、つぎのような一覧——

阿　伊　宇　延　袁　　本音
加　幾　久　計　己　　清濁二音
佐　志　須　世　曽　　同
多　知　鬥　天　登　　同
奈　仁　奴　禰　乃　　清音
波　比　不　反　保　　清濁二音

麻　美　武　米　毛　　清音
也　伊　由　衣　與　　同
良　利　留　例　呂　　半濁
和　為　宇　惠　於　　清音

ここですぐに気が付くのは、あ行の「袁《お》」とわ行の「於《を》」とが、いまわたしたちが見知っているのとは、逆になっていることである、あ行の「お」は「於」で、わ行の「を」が「袁」であろう。また、「あ」は「安」、「え」は「衣」、「し」は「之」、「す」は「素」、「と」は「止」からできたのだから、そのままもとの漢字を当てるのがふつうではないか。ほかにも、反は部、麻は未、米は女、例は礼ではあるまいか、などとおもってしまう。

しかし真淵がいいたいのは、「これの日出る国はしも、人の心なほかれば事少く、言もしたがひてすくなし、事も言も少なければ、惑ふことなく忘るる時なし、故《かれ》天つちのおのづからなるいづらの音《こえ》のみにしてたれり、なぞも人の作れる絵《かた》を待てものをなさめや」ということにあった。なんでもかでも、事も言も、こころことばを「漢字変換」して理解しようとするから、「きさらぎ」が「衣更着」になってしまうのである。ひらがなは独立した文学体系として成立しているのだから、ひらがなはひらがなで、充分なのだ。そういう主張である。

ところで、なんといっても胸ときめく謎解きにも似ておもしろいのは、ほかでもない、「約言《つづめごと》」「延《のべ》言《ごと》」である。真淵の本領発揮といったところ。たとえば、淡海は、「あはうみ」だが、その「はう」を約めれば「ふ」となるので、かなとしては、「あふみ」と書く。遠江は、「とほつあはうみ」というのを、「つ」と「あ」を約めれば「た」となるので、かなでは、「とほたふみ」と書く。我妹子を「わぎもこ」というのは、「わがいもこ」の「がい」を約めて「ぎ」となるからである。こういう例はほかにもたくさんある。二度約めるのもある。「しかしながら」というのを、一度約めて「しかすが」に、二度約めて「さすが」となる。これらはすべて「五十聯の音にかなふ」のであり、「天地のいはしむる言の国の妙なるなり」なのである。

十三、文を書き歌をよまん人ハ――「勢語七考」

文を書き歌をよまん人ハ、ふるきことばによらずしてハ、いかでミやびかならん、中にも歌てふ物にとり用ることハ、もとの心のまことといつはりとをば、あながちにもとはず、詞はなやかに心かぐはしくいひ出て、おのがおもひをやり、人の心をもなごしなんとするなめり

《現代語訳》

文章を書き、歌を詠もうというひとは、古語によらずしては、どうして繊細な表現ができようか。なかでも歌という表現方法を用いるときには、そのもとのこころ根の真と偽とを、かならずしも無理には問わない。むしろ詞章華やかに、こころばえ香しくいい出して、そのことばのうちに、おのれのおもいを遣り、読むひとの気持ちをも柔らかくおだやかにするであろうものなのである。

勢語とは伊勢物語のことで、「勢語七考」は寛保元年（一七四一）、真淵四十五歳のときに、門人越後長岡藩主牧野駿河守の妹に、このいわゆる歌物語の購読をしたあと、概説を書いてまとめたもので

ある。真淵はのちに「伊勢物語古意」という大部の注釈書を成しているが、それの総論部分の草稿といった内容で、序文につづいて、物語ということ、伊勢物語と名付けられたること、作者はだれか、在原業平の自記かということ、時世たがえること、つくれる時世のこと、むかしをとことということ、という七項目について論じ、草稿とはいえ、なかなかに興趣に富んでいて、おもしろい。このことばは、序のなかにある。

文章を綴るにせよ歌を詠むにせよ、その元のこころがまことかいつわりかは、強いて問わない。ことば華やかにこころに香りたつように語りだすのだ。そうすることで、おのれのおもいを果たし、読者の心をも和ませるのである――後年の真淵にはみられない、幅広い、古今調の文学観をしめしていて、興味深い。この中年期の真淵は、まだ古代主義・万葉主義に凝り固まってはいない。歌は古今集、物語は伊勢、源氏などをさかんに読んでいる。漢詩をもつくっている。

だいたい真淵は、単なる語句の注解で満足するような凡百の学者ではなかった。万葉集の注解をやれば、そのかたわらにかならず「万葉大考」があり、伊勢物語の注解を書けば、それだけでは済まずに「勢語七考」がなければならないのである。真淵というひとは、そういう、こころとことばの思想家なのであった。それも、がっしりした体系など組み立てる暇も意思もなく、どこかふんわりやさしい柔らかいかなしみにくるまれた、断片の連鎖のような文体を駆使した――つまりは、根っからの詩人なのであった。そこにどんなに遠い、挫折に満ちた道程があろうとも、歌から生まれ、歌に還ってゆくほかはないひとなのであった。それは、かれの全集をじっくり読めば、だれもが納得し、認識できることである。ただ、詩人思想家としての真淵を、親身に、まっすぐ、全身で把握するほどの者が、百年にひとりもいないだけである。もっとも、真淵の全集をいちばん完備したかたちで読むことができたのは、せいぜい三十年ほど前のことに属するのであるが。

真淵の物語論はおもしろい──「物語と名付たるハ、実録にハあらで、世の人の口にあることを、そらごと・まがごとをきらハず書集めたりといふ義にて、実ハみづから作りて皆いつはりこと也」。伊勢物語は業平の自記ではなく、まさにそのようにつくってあるのであって、「凡文を綴り記をしるす人、筆かぎりなき物なれハ、其人のおもはんよりふかき密事をも筆にまかせて書き、あはれならんことをハ、聞く人涙さへ落すべくも書なしいひなすぞ、もの書ものいふ人の妙とはすめれ」。物語の時世にしても、業平の「うひかうむり」元服のときから、死のとき──「つひにゆく道とはかねて聞きしかどきのふ今日とは思はざりけり」という歌を遺して臨終を迎えるまでが物語られているが、そんな語りが実の業平にできようわけがないのである。

しかしながら、実人生あっての文学芸術である。文学芸術は本来が幻想もしくは虚構であるが、ならばこそどこまでも人生に奉仕しなければならない。実人生なくして、文学も芸術もありえないからである。しかも、文学や芸術なくして、ひとは実人生のこの堪えがたい味気無さ、退屈、無意味、淋しさをしのぐことができない。

たとえば北村透谷は、明治二十八年、二十五歳の若さのまま、この関係性の谷間で自死して果てた――「想世界」と「実世界」とのはざまで。このはざまの機微を、真淵はよく心得ていたというべきであろう。あるいは、透谷のように近代の苦悩に曝されることから、真淵はまだ、まぬがれていたということでもあろう。真淵の物語論は、わたしにいろいろのことを考えさせてやまない。

おもえば、透谷は「人生に相渉るとは何の謂ぞ」(明治二十六年)のなかで、このように語っていた――

戦士陣に臨みて敵に勝ち、凱歌を唱へて家に帰るとき朋友は祝して勝利といひ、批評家は評して事業といふ。事業は尊ぶべし、勝利は尊ぶべし、然れども高大なる戦士は斯くの如く勝利を携へて帰らざることあり、空を撃ち虚を狙ひ、空の空なる事業をなして、戦争の中途に何れへか去ることを常とするものあるなり

この「空を撃ち虚を狙ひ、空の空なる事業をなす」という戦士、透谷のいう「詩人哲学者」の像こそは、わたしが最初におもい描いた詩人思想家の原像にほかならなかった。「人生に相渉るとは何の

謂ぞ」は、歴史家山路愛山との論争のなかで生まれた傑作で、「厭世詩家と女性」「内部生命論」（ともに明治二十五年）とともに、透谷の思想的代表作である。なお、わたしの透谷論は、弓立社刊『帰巣者の悲しみ——死をめぐる短章』（昭和五十五年）に「北村透谷の死」と題して、収めた。参照いただきたい。

しかしいまもって、「人生何ぞ悲涙多き、わが半生何ぞ惨々たる、……嗚呼誰か我死後に我一生の悲涙を伝へん」といった透谷の呟きの声が、耳近く聞こえるのである。わたしが透谷に出遇ったのは、東京遊学中の二十二歳のときのことであった。あれから五十余年、ようやくわたしは、真淵という「新天地」に辿り着いた。ようよう、はじめに帰ってゆくのであろう。

十四、　拙者年々衰を覚候而――「斎藤信幸宛て書簡」

拙者年々衰を覚候而、心事退屈がちにて何事もはかどらず候、然ども持病之癪《しゃく》の外には病は無之候へば、今しばらくをこらへ候はんと人相人なども申候間、其間著述を急候へ共、とかくに埒明がね候

《現代語訳》

わたしはここのところ、年々、心身の衰えを覚えており、気の張りもしぼみがちで、何事をするにも捗りません。でも、持病の癪のほかにはこれといって病気はないので、いましばらく堪えておればよいと、人相見なども申しますゆえ、そのあいだに著述を急ごうとおもうのですが、どうも埒があかないことです。

真淵は手紙をよく書いた、しかも熱の籠った長文の――ということは、すでに宣長宛て書簡のところで述べた。そのときにもちょっとふれた、故地の神官斎藤信幸に宛てた明和五年（一七六八）六月十八日付けの手紙のなかのことばである。ほぼひと回りほど年下のこの同郷の友にたいして、真淵は

若い宣長にたいするとおなじくらいたくさんの、長文の書簡を送っている。わたしがみるところ、晩年の真淵が最も心を開いて語りかけた相手であったようだ。真淵、死の前年、「多忙中の長文なれば」、再読もせずに送るので、「誤脱等御推察あれかし」と前置きして、身辺の諸々から古学、歌学、神学におよぶ、さまざまな事柄を綴っている。

癪《しゃく》というのは、胸や腹部にさしこみが起こる病気で、真淵は例の「松坂の一夜」があった大和路への旅の途次にも、この病でむくみが来て歩行が困難になったことがある。この癪のほかには、これといって悪いところはないが、歳とともに全体の衰えは隠しきれず、何をするにもはかどらない、不如意だ。しかし、人相見にみせるとしばらくは死なないというから、せいぜい著述に励もうとしているのだという。

この際の著述は、「万葉考」と「祝詞考」である。それの完成を目の前にしながら、なお刊行にいたらぬ、胸のつかえを訴えている。万葉考については、「万葉一・二幷別記」の原稿を京都の出版社に送って、木に彫ってもらっているが、いっこうにでき上がって来ない。そのうち「塵を払ふが如く見る度に直し出来るものにて、頃日漸く三と別記をなほし終候へば、遅きもよきに成し事も有之」と。祝詞考も、「清書に人なく、或人一二人頼候へ共、いまだ出来かね候、中巻はいまだ清書人無之候、是も余り延引故、心急候へども、さてさて只今は物を書人無く候てこまり候」というありさま。これらは真淵の名著といえども、すらすらと生まれ出でたのではないことがよく伝わって来るのである。

故地遠州には、もうひとり、若い、宣長と同じような年恰好の、栗田土満《ひじまろ》という菊川在の神官が、新入りの門人にいた。真淵はこの若い神官の面倒をも斎藤信幸に託し、斎藤の息子ともども、「皇朝学はとかくに古歌・古文をよくしてこそと見え侍れば、歌を御すすめ可被成候、文も書ならひ候へば出来るもの也、先祝詞を多く書たるよき也」と、説いている。土満は、存外、歌にみどころがあるが、なにしろ僻地にいて書物なども少なく、学問はいまだ浅い。あなたのところへしばしば出入りして、勉強するとよい。浜松の五社・諏訪両社もいまは「学事は廃候へば、末々少々学も無之様に成るべし」。あなたの息子さんや土満や、両社の小童などを誘って、古事記を読む読書会などお世話を頼む。「小子も貴兄も無かりなば駿・遠・参には学絶候はんが遺恨也」。真淵最晩年の、故地へ向ける痛切な心情が偲ばれる。

同じ年の十一月八日の手紙では、同じ相手にこんなことを語っている。

去年お借りした「中臣寿詞」(大祓詞)を、遅くなってしまったが返送します。ところで、七月以来、耳を病み、手が震えるとのこと。この手の震えは、薬事が効かないものです――と冒頭に述べたあと、
ただ房事を御謹み可被成候、自然と可直候、駿・遠・参にて此学好人なし、只御一人也、身をわが物

とおぼさず右を禁可然候、他は小事也

手紙の冒頭から、夫婦の房事の話である。よほど親しくなければ、こうはいくまい。真淵はつづけていう。自分の伯父は、天下の丈夫で、五十歳から房事をやめて九十八歳まで生きた。また父はけっこう肥満であったが、これも五十歳からは「夫婦別所に宿候而」、中風の気もなく、七十八歳で果てた。これを知っているから、わたしも「老後右を謹み候故、七十二歳まで眼力気象は不衰と有り候へば、専一に此事を中也、何とぞ拙者亡後まで願候也」

自分の死後を託すようなおもいで、この手紙を綴っていることが、如実に伝わってくる。かれが、学問の継承をと願ったのは、なにも宣長に限ったことではない。この斎藤信幸も栗田土満も、そうであった。実際に、神事の現場において、真淵の遺志を継いで、神職として働いたのは、むしろ、地味ではあるがかれらのような現場の神主たちであった。というより、真淵の本心は、宣長のような学者、上田秋成のような特異な物書きではなく、自分が生まれ育った神社界に住むひとたちの日常生活のなかにこそ、継承されることではなかったろうか。つまり、そこが貧寒で愚劣であれば、真淵の歌学も古学も、ほんとうは生きる場所を見失ってしまうのではないか。

神職よ、本を読んでください、できれば古書・古歌を読んで歴史、民俗、文学の素養を身につけてください。折口信夫が大正の世に、神職に向かってそう願ったと同じおもいを(「古典古代へ還る道」を参照されたい)、江戸の真淵は抱いていたのだと、こういう手紙を読むと、わたしは痛感するのである。

真淵は、手紙のひとであった。そのことは、ずっと後代のわれわれにとって、じつにありがたいことであった。ゴッホなども、その絵がわからなくとも、多量に遺されたかれの手紙は、われわれの胸を打ってやまないのである。

十五、皇朝にていはひと云ハ、忌といふ事也――「古今集序表考」

皇朝《すめぐに》にていはひと云ハ、忌《いむ》といふ事也、何ぞといはば、皇神《すめがみ》をいはふにハ、清まはりして穢《けがれ》を忌、君をいはふにハ、天地《あめつち》の長く久しきを挙げて、短かくかはらむことを忌、親をいはふにハ、鶴亀の久しきよはひをいひて、露霜のはかなきを忌、其外斎《いつき》の宮・斎籬《いがき》・斎子《いはひこ》・斎槻《いはつき》などいひて、凶をいみて吉を用る類ハ皆是也

《現代語訳》

すめらぎのくに（皇国・皇朝）すなわちわが国にあっては、祝うということは、忌むということである。なぜならば、すめがみ（皇神）を祝うには、清めて穢れを忌み、きみ（君・主君）を祝うにはあめつち（天地）の長久を挙げて、短命に終わることを忌み、親を祝うには、鶴亀の長寿をいって、露霜のはかなさを忌む。そのほか、いつきのみや、いがき、いわいこ、いわつき――この「い」は祝うの「い」であり、斎くの「い」であり、忌むの「い」であって、皆、表裏一体の事柄である。凶を忌み吉を用いるたぐいは、皆、これである。

「古今集序表考」は、古今集の仮名序の注解である。明和元年（一七六四）、真淵六十八歳のときに成したもので、晩年の著述。真淵は万葉集に負けず劣らず、古今集その他のいわゆる「続万葉」についても、多量の注解作業を行っている。生前に刊行されたものはないが、「古今和歌集打聴」、「続万葉論」など、大部なものである。ただし、これらは女性門人の手になる聞き取りノートであったり、真淵の草稿をもとに後人が筆を加えたものであったりしていて、厳密には「真淵著」とはいい難い。

そうしたなか、真淵は、古今集の「序」に特に関心を集中している。この「序表考」とともに「序別考」（明和二年）というのもあり、これは真淵の直筆。古今集に関わっては、「古今集左注論」「三代集惣説」もある。真淵が古今集の序文（仮名序）に関心をもつのは、撰者である紀貫之の、歌についての考えが表されているからで、歌学者真淵の食指の動くものがそこにあるという理由によっている。しかも、すでに古学をも熟成させ、万葉主義、古代主義の立場を確立している真淵には、この歌論のはしりのような、それゆえに著名な文章は、批判の対象でもあった。

たとえば、「序別考」にいわく――

詞ハめでたき所々もあれども、惣て古の丈夫《ますらを》の文のさまにあらず、多くハ女の手ぶり也、…おのれがいと末の世に生れて、天の下の人のよしとおもへる此文を、かくいふハいかにぞやとおもふ人多かる

べけれど、古への事ハ貫之ぬしはたよく知らねバ、いにしへの文もていふ時ハ違ふ事有をいふなり

古今や新古今や源氏の歌ぶりや文体が、もともと、肌にしっくり来ない、性に合わないとおもうわたしのような者もあれば、その反対のほうのひともあろう。なかには感心させられる歌文もあるが、すべてがことばの優雅な遊び、知的な技巧の競い合い、そのどこに「真言《まこと》」があろうか、とおもえてしまうひとには、真淵のいうことに首肯されるであろう。「古への事ハ貫之ぬしはたよく知らねバ」とは、痛快ですらある。

古今集仮名序は、そのはじめを引けば、つぎのような文章である――

和歌は、人の心を糧として、万の言の葉とぞなれりける。世の中にある人、事・業しげき者なれば、心に思ふ事を、見るもの聞くものにつけて、言ひいだせるなり。花に鳴く鶯、水に住むかはづの声を聞けば、生きとし生けるもの、いづれか歌をよまざりける。力をも入れずして天地を動かし、目に見えぬ鬼神をもあはれと思はせ、男女のなかをもやはらげ、猛き武士の心をもなぐさむるは、歌なり

書き写していると、なんだか慣用句を並べて飾っただけの、凡々とした退屈な文章におもえてくる

が、それはともあれ、このつぎには、歌のはじまりのことが説かれ、つづいて歌の種類が列挙される。ひとつは「そえ歌」、ふたつは「かぞえ歌」、みっつは「なずらえ歌」、よっつは「たとえ歌」、いつつは「ただごと歌」そしてむっつには、「いはひ歌」。

この「いはい歌」の注解のなかに、はじめに掲げたことばがある。わたしがこの「序表考」でほとんど唯一、強く気を惹かれた箇所であり、傍線と二重丸をつけた章句にほかならない。なににそれほど心惹かれたかといえば、それは真淵のいう事柄が、わが祝詞論と重なっていたからである。びびっと感応したといってよい。わたしは十年前に書いた祝詞論『ふかい森の奥の池の静謐』（白地社・平成二十三年）のなかの「神賀詞論」のところで、こんなことを述べている——

（「出雲国造神賀詞」の詞章で）わたしにふしぎなのは、

手長の大御世と斎ふとして（たながのおおみよといはふとして）
斎ひの返事の神賀の吉詞（いはひのかへしごとのかむほぎのよごと）
しづ宮に忌ひ静め仕へまつりて（しづみやにいはひしづめつかへまつりて）
天の瓶わに斎み籠りて（あめのみかはにいみこもりて）

というように、「斎」と「忌」とのふたつの語が、いわば文脈として互いに相手の領分を侵食しあう具合に、もしくは相互換入するように、〈いはふ〉と訓んだり〈いむ〉と訓んだりされていることである。これはなぜであろうか。

わたしは、精一杯、考えてみる。

これは、斎う（祝う）ことが忌む（避ける）ことであり、忌むことが斎う（奉る）ことである。すなわち、なにかを〈斎き祀る〉ということ、祭事を斎行するということは、ほんとうはほとんどそのまま、〈祝い静める〉こと〈鎮魂する〉こと、なにかを〈忌み避ける〉こと〈祓い除ける〉ことに等しいのではないか。そういう事柄を、この祝詞のちょっとした言葉遣いが、わたしたちに暗示しているように感じられる。どうであろう

現代にあっても、葬儀会場や焼き場を「葬儀斎場」と呼ぶのは、この「斎＝忌」の思想が生きているしるしのひとつかもしれない。神職や僧侶や牧師・司祭が着替えをしたりする部屋を「斎官控室」などというのも。

吉事を求めて禁忌を守る——ここには、いわば〈斎—吉—祝〉と〈忌—避—鎮〉とが、出来事として表裏一体たる「一枚」であった古代の事情が浮かび上がってくるかのようではないか。そして、その最良の実例こそが「出雲国造神賀詞」なる古典祝詞にほかならないといえそうである

当時、わたしが「精一杯」考えても、せいぜいこれくらいのことであったが、しかしいま、それはけっして見当ちがいでなかったとおもうのである。真淵にいわせると、貫之は歌の種類などを、ただ並列に取り並べただけで、いにしえの歌のことばをよくも知らないのだ。

なお、梅原猛『水底の歌—柿本人麿論』上下巻（新潮文庫・昭和五十八年）には、真淵の古今集仮名序についての論が批判的に取り上げられていることを、付記しておく。

十六、おのれ事、此朔日に田安へ大御番格にて——「森繁子宛て書簡」

おのれ事、此朔日に田安へ大御番格にて、御奥勤に召出され候、とまりなし三番にまうのぼり候へば、中二日はひまなるやうに候へども、御用の考物は宿にてこそ致し候へば、毎日つとめ候に似たるものにて候、其外はもとの如く門弟も出入候まま

《現代語訳》
わたしのことですが、このついたちに田安（田安宗武）邸へ、大番頭の格で、奥の勤めに召し出されました。宿直なしで三日に一日お勤めに参るので、中二日は暇なようですが、御用の考証の仕事は、家ですることが多くあり、毎日勤めているのに等しいのです。そのほか、門弟など、従来どおり出入りして——

真淵の七十三年の生涯を、その生誕から死までを見渡せば、ちょうど十年刻みくらいに、大きな転換点、転機が訪れていることがわかる。いまそれをさっと俯瞰するように年譜風に示せば、つぎのよ

うになろうか。

元禄十年（一六九七）　遠江国浜松に、賀茂神社神官岡部政信の次男（三男ともいう）として生まれる。

宝永四年（一七〇七）　十一歳　浜松の諏訪神社神主杉浦国頭の妻真崎に手習いを教わる。

享保五年（一七二〇）　二十四歳　この前後、「賀茂御神にねぎ奉る」（雨乞いの祝詞）など、はじめて歌文をつくる。

享保十二年（一七二七）　三十一歳　このころ、先の妻と死別したのち、浜松の梅谷脇本陣に婿養子に入る。間もなく、京都へ。そして、荷田春満に入門。

元文二年（一七三七）　四十一歳　江戸へ。

延享四年（一七四七）　五十一歳　田安宗武に和学御用掛として召され、五人扶持を賜う（のち五十五歳で十人扶持、その翌年には十五人扶持に昇給）。このころ「延喜式祝詞解」成る。

宝暦七年（一七五七）　六十一歳　「冠辞考」成る。前年には、江戸で身の回りの世話をしてくれていた野原りよが亡くなる。

宝暦十年（一七六〇）　六十四歳　「万葉考」一、二および別記を脱稿する。隠居し、隠居料五人扶持を賜う。

明和五年（一七六八）　七十二歳　「祝詞考」成る。「万葉考」一、二および別記を刊行。この三年前には「にひまなび」「国意考」も成る。

明和六年（一七六九）　七十三歳　「語意考」成る。十月二十日、江戸浜町の縣居にて死去。

たったこれだけの、あっという間の一生かとおもえるし、また無数にたくさんの出来事、事柄、問題が詰まって凝縮されているようにも感じ、想像することができるようにもおもえる。冒頭に掲げた手紙は、宝暦二年七月二十二日付けで、ちょうど真淵五十六歳、俸給が十五人扶持に増えた年のものである。中年期の真淵が、日々の生活をどんなふうにすごしていたのかを、垣間みることができる。

森繁子は、浜松五社神社神主森暉昌の娘で、真淵より二十歳くらい若い。真淵は繁子宛ての書簡をたくさん遺していて、かなり懇意であった様子。五社神社は、諏訪神社と並ぶ徳川家の産土社で、暉昌は荷田門下の真淵の先輩にあたる。その娘繁子は歌も能くした。浜松時代から面識があったのであろう。そういう相手であるから、本音もつい、吐き出す。この引用箇所のあとには、こんな文句がつづくのである――

かく老て立出候もほいなきわざながら、末頼もしき御家に候へば、先祖の由緒をもたてて子孫をものこし候はん志のみにて候、今ほどは少し心やすく、楽しみつべきを、かく侍るはかへすがへすほいなき事に御座候、しかしあつく御めぐみも候ての御事に候へば、いかなるよしのありて、かくもなり候事にやとふしぎに覚え候事におはしまし候、御近習番の末につらなりて、同じ部屋につめ候まま、格式はよろしく御座候て、ありがたく覚候

すまじきものは宮仕え、とまではいわないまでも、好きな和学を修めてきただけの身にすぎないのに、どうしてこの歳になってこんな仕事に明け暮れするようなことになったのか、おもえば不思議な気がする。人生、もっと気楽に、楽しみながらすごしたいものを。そうはいっても、十五人扶持という「あつき御めぐみ」は本意ならぬ任官ではあるが、ありがたいことだ。もっとも、この時世《ときよ》に十五

人扶持という俸給が、世間の相場からして、高いのか低いのか、わたしにはうまく判断ができないのである――相当に多額であったようにはおもうが、隠居するまではこの俸給であった。「あめつちのなしのまにまに」の思想をもつ真淵といえども、俗世間にもぐりこんで、身過ぎ世過ぎをするほかはないのであった。儒教（朱子学）が官学であった江戸時代に、国学（古学）を奉じて身を処するのは、時代の主流に逆らうことでもあった。真淵にしても、ほとんど一生を浪人暮らしで終わりかねないのであったにちがいない。それが自覚できるからこそ、いまの任官の身が本意でないといっても、やはりなんとも「ありがたく」おもうのである。手紙の向こうから、そんな真淵の胸のなかの声が聞こえるようだ。

そんな田安家への任官を終えて隠居の身になってから、病身を引きずりながら、真淵は最晩年を賭けて、残り少ない日々を駆け抜け、「にひまなび」「祝詞考」「万葉考」「歌意考」「国意考」などの思想的主著をつぎつぎに仕上げていくのであった。それまでにたまった潜在エネルギーが、ここへきて、一気に顕在化したかのようであった。それは、かの哲学者西田幾多郎が、京都帝大の教壇を去った退官後にこそ、「場所的論理と宗教的世界観」などの長大な主要論文を書き上げていったすがたに、どこか似ているといってよいであろう。しかも、そんな晩年になお、西田は詩的精神を忘れず、文学の香りを保ちつづけた。歌も詠んだ。晩年、鎌倉に住んだころに、つぎの歌がある。

七里浜夕日漂ふ波の上に伊豆の山々果てし知らずも

——わたしの好きな一首である。

西田幾多郎は晩年、禅家風のいい字を書いた。この歌も、碑に刻まれて書字が遺っている。

ところで真淵もまた、たいへんな達筆であった。生涯の思想の展開とともに、書字もまた変遷があったが、明和四年（七十一歳）正月五日の、宣長宛て書簡の字を参考までに掲げておこう。書は人なりというではないか。

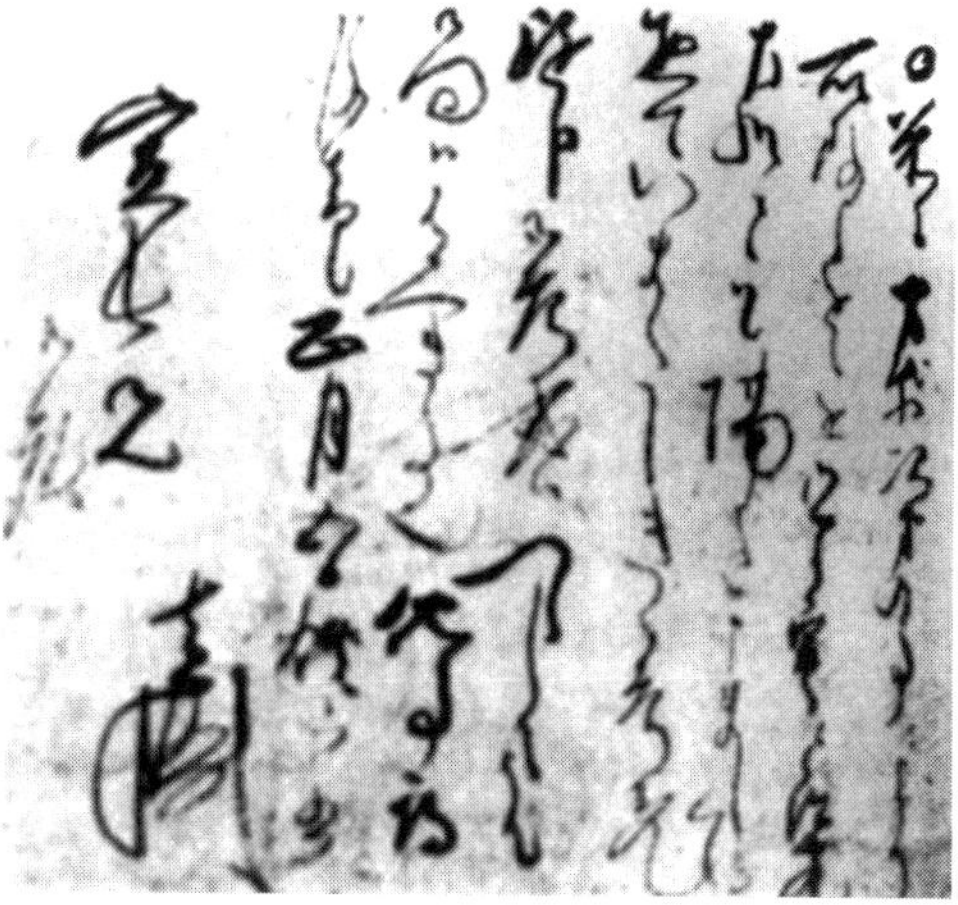

宣長宛て真淵書簡
（佐佐木信綱『増訂賀茂真淵と本居宣長』より）

第三章

研究編——真淵はいまどこにいるか

一、わずかな研究書

序にも述べたように、真淵は、いまや忘れられた国学者、思想家であるといってよい。もとより、真淵の名が近世江戸期の日本文学・思想の歴史のなかで、まったく消えてしまったわけではなく、明治から平成にいたる近現代史において、真淵の研究が、細かくみれば、けっこう、行われていることも事実である。しかし、その研究は、ほとんどアカデミズムの内側にのみ留まって、外部に出ていくことがない。研究書や基礎資料があっても、それが、一万から十万円もするから、一般読者にはちょっと手が出ない。図書館で読もうとおもっても、『賀茂真淵全集』（既刊二十一巻・平成五年配本終了・続群書類従完成会）を置いているところは、稀である。そうなると、研究の環境は閉塞へ向かうほかはなく、一般読者の目に、真淵がふれる機会は、どんどん少なくなる一方であろう。

たとえば、真淵の後継である国学者の本居宣長と平田篤胤とのふたりを考えてみれば、現在、このふたりには、岩波文庫をはじめ、一般読者の手が届く範囲に、主要な著作が収められている。宣長には、主著『古事記伝』のほか、随筆『玉勝間』『うひ山ふみ 鈴屋答問録』、源氏物語論である『紫文要領』などが、そして篤胤には主著『霊の真柱』のほかに、『古史徴開題記』『仙界異聞』『平田篤胤歌文集』

などがあり、岩波文庫ほかで読むことができるのである。

ところがどうであろう。真淵には、戦中（昭和十九年）に改造文庫から『国意考』がでているが、いまは『語意 書意』という岩波文庫が、ただ一冊あるきり。しかも、それは言語学上に重要な著ではあっても、真淵の主著ではない。これはどういうことであるか。この差異、忘却は、いったい、なにゆえであろうか。

真淵の文学・思想が、宣長や篤胤よりも、いかにも劣っていて、一般読者を想定した文庫に入れるには相応しくないからだろうか——いや、断じてそんなことはない。

真淵は、しょせん、契沖から篤胤へと流れ伝わる系譜のなかで、春満と宣長を結んだ、一種の「継ぎ目」にしかすぎない存在。近世江戸国学史において、輝く星とはならず、その陰の存在となった——ほんとうにそうであろうか。われわれは、こと国学にかぎらず、系譜というものの考えに、泥《なず》みすぎているのではないか。

真淵は、宣長や篤胤の「師」となったが故にこそ、名を遺し、偉いのである。契沖—春満の系譜を継いだがゆえに、真淵は国学史上に重要な位置を占めるのである。また宣長—篤胤へと連なる近世の学的激動期に「始発」となった人物であるゆえに歴史的に存在理由がある——等々は、皆、ほんとうにそうであろうか。わたしは、大いに疑問だとおもっている。真淵は真淵として、自立している。稀にみる詩人思想家として、立派に自立している。このことは、経歴編でもことば編でも折にふれて述べてきたところである。

ところで、現在知られている真淵の研究書には、どのようなものがあるのだろうか。明治から平成にいたる約百五十年のあいだに、管見《かんけん》のかぎり、現れた研究書の主たるものは、つぎの十二点ではないだろうか。

明治三十七年　上田万年編『国学者伝記集成』（日本文学資料編纂会・昭和九年増補・昭和五十二年復刻）

大正六年　佐佐木信綱『賀茂真淵と本居宣長』（弘文堂・増訂版昭和九年）

昭和三年　村岡典嗣「思想家としての賀茂真淵と本居宣長」（『増訂日本思想史研究』岩波書店・昭和十五年所収）

昭和十一年　渥美実『縣居読本』（浜松市立縣居小学校）

昭和十三年　久松潜一『賀茂真淵　香川景樹』（厚生閣）

昭和十三年　小山正『賀茂真淵伝』（春秋社）

昭和十八年　井上豊『賀茂真淵の学問』（八木書店）

昭和三十七年　三枝康高『賀茂真淵』（人物叢書、吉川弘文館）

昭和四十七年　阿部秋生「契沖・春満・真淵」（日本思想大系『近世神道論 前期国学』解説・岩波書店）
昭和五十四年　寺田泰政『賀茂真淵―生涯と業績―』（浜松史蹟調査顕彰会、浜松市立賀茂真淵記念館・平成十五年再版）
平成二十八年　高野奈未『賀茂真淵の研究』（青簡舎）
平成二十九年　田中康二『真淵と宣長―「松坂の一夜」史実と真実』（中公叢書、中央公論新社）

明治と大正に一点ずつ。明治の『国学者伝記集成』は、研究書というより基礎資料。昭和は戦前・戦中に五点、やや集中して本格的な研究が進んでいる様子が伺えるが、昭和戦後期には十年に一点というように、さびしい事態を迎えるのである。平成期は三十年のあいだに、わずか数点あるのみ。もとより、わたしが知らないところで、見事な研究が為されていることは、充分に考えられる――とおもいたい。が、はたして、どうであろうか。

ここに挙げたもののうち、思想的にほんとうに重要なのは、ほんの僅かである。わたしのみるところ、昭和三年の村岡典嗣の「思想家としての賀茂真淵と本居宣長」という長文の論考と、昭和十八年の若き井上豊の『賀茂真淵の学問』、この二作に尽きる。啓蒙的な著作としていうならば、なんといっても堂々たる風格を感じさせる佐佐木信綱のもの、そして浜松市立賀茂真淵記念館が出している寺田奏政のものが、最も高い水準に達した著作とおもわれる。

なお、付記すれば、真淵のことを「詩人思想家」と呼んだ最初のひとは、おそらく、思想史家の村岡典嗣であろう。かれは昭和三年に発表した「思想家としての賀茂真淵と本居宣長」の冒頭に、「賀茂真淵は、徳川時代に輩出した古代主義の思想家の一人である。而して彼が、他の同型の思想家の中に有する特質は、学派的に儒学者一派に対して、国学者の一派の日本主義の代表者たるは言を俟たないとして、実に、我が国の文化史上稀に見る詩人思想家であることである」と述べている。わたしの「忘れられた詩人思想家・真淵」論は、それから九十年も後代に、同じ視点でもって、しかし思想史家としてではなく文学好きな一神職として、真淵と出遇った記録である。骨太なかれの著作にはじめて接したのは三十代のころであったとおもうが、実際、村岡典嗣がわたしの思想家像に及ぼした感化のほどは、じわりと深いといわねばならない。

二、新・五意考——「真淵五考」へ

真淵を思想家としてみるとき、かれの歌学（文学）と古学（哲学）との、双方の主要著書を、まずは挙げるべきであろう。

ところで、真淵晩年に成った主要著作として、いわゆる「五意考」が挙げられるのが、従来からの慣例となっている。「五意考」とは、「歌意考」「国意考」「語意考」「文意考」「書意考」という五つの著作を指して、そう呼ぶのであるが、もともと真淵自身が意識してそう呼んだのではなく、門人たちが、真淵没後に名付けたものであって、しかも、あまり重要な意味はない。

自分の著作に「—解」とか「—考」とかネーミングするのは、真淵の慣わしである。そしていま、真淵の思想的生涯を貫いて考えてみるとき、わたしは新たな五意考——いや、「真淵思想書としての五考」をこそ、挙げてみたいとおもう。すなわち、「冠辞考」「万葉考」「歌意考」「国意考」「祝詞考」である。以下に、その概要を述べよう。

(1) 冠辞考――枕詞論。真淵の著書のうちで、最もポピュラーな一書で、かつ真淵生前に出版された、数少ない著書。真淵の古典注釈(歌学)の醍醐味が味わえる名著といってよい。門人たちもこの書を愛し、熟読し、さまざまに刺激を受けたらしい。その証拠に、楫取魚彦《かとりなひこ》は『続冠辞考』(明和七年)を、上田秋成は「冠辞続貂」(寛政八年)を書いて、補訂を試みている。宣長が、若い日、この書に「つひにいにしへぶりのこころことばの、まことに然る事をさとりぬ」(「玉勝間」)といった体験をしたのは、有名なはなしであるが、本著そのものの内容が、真淵と門人たちとの、質疑応答の現場を彷彿させるものでもある。真淵の開かれた学問態度を充分に知ることができるのである。

(2) 万葉考――主著中の主著。なかんずく、思想的概論たる「万葉大考」。同じ万葉歌の注釈として、故郷遠州にちなんだ歌をえらんで注解した「万葉集遠江歌考」、万葉秀歌選として「万葉集新採百首解」がある。万葉考は、何千首とある万葉歌の全釈で、全集四巻を占める大著であるが、光っているのは前半のみで、後半は門人らの手が加わっていて、純粋に真淵筆ではなく、また詩人的直観に充ちた内容としても、はじめのほうに輝きがある。いずれにしても、その注釈は単なる語釈の程度をはるかに超越した、天才的閃きに充ちているのである。それだけに、いわゆる「約言」「延言」の多用濫用による歌の解釈に、無理なこじつけや飛躍がみられるのもまた、事実である。が、そこが理知ばかりではおもいはかれない真淵の真淵たる特質であろう。

(3)　歌意考——短編であるが、真淵歌学の晩年におけるうつくしい結晶。これにつづいて書かれた「にひまなび」（歌学と古学の要諦を説く）と「うひまなび」（小倉百人一首の注釈書）という、ふたつの啓蒙的著作とあわせて、真淵歌学の頂点を示す。書簡を除けば、真淵の作品のなかで、わたしが最もうなった書である。拙歌をもっていえば——「歌意考はわがためにこそ書かれしかいちいちふかくうなづくわれは」。つぎの「国意考」とならんで、いわゆる五意考のなかの主著である。文章が、とにかくいい。詩的言語の使い手として、真淵の面目躍如たるものがある。いいかえれば、この文章の雰囲気・調子が肌に合わないならば、真淵の文学思想を好きになることは、ちょっとできない相談であろう。近代の正岡子規、斎藤茂吉、窪田空穂《うつぼ》らの歌人の名随筆をも、それはおもわせるのでもある。

(4)　国意考——真淵古学の要諦。真淵最高の思想書。儒学者流の政治論・国家論・人生論に対峙して、真淵が抱懐した人間論・自然論を、熱く、ラジカルに、ときに「虚を致すこと極まり、静を守ること篤し」という老荘思想に親近しながら、真淵的古学の中心を開示してみせた著作で、「歌意考」と対を成す。「ただ何事も、もとつ心のなほきにかへりみよ」という、真淵の素心のかなしさが、惻々《そくそく》と胸に迫るのである。しかも、最も読み解くのが困難な、スリリングかつ問題の一書であるといえる。真淵にとって「神道」とはなにかを探求するためには、つぎの「祝詞考」とともに、熟読すべきもの。ただし、安易に近づくと、やけどをするであろう。思想的坩堝《るつぼ》、煮えたぎる湯に、それはほかならないからである。

(5) 祝詞考——古典祝詞論。神職の家に生まれながら、みずからは神職とならず、しかも賀茂氏の、京都上賀茂神社につながる古い係累を先祖にもつ真淵は、人間形成のはじめにおいて、神事で詠まれる祝詞や、親や周囲の先達から聞き覚える古歌のなかに、古語というもののリズム、雰囲気に接する。そしてその見事な「詩」の世界に引き込まれていく。祝詞は、かれの古語認識のアルファであったと同時にオメガでもあった。五十歳で、十世紀はじめに延喜式に採録された二十編ほどの古典祝詞の詳細な解題を試みた「延喜式祝詞解」、そしてそれを昇華させた晩年七十二歳のときの「祝詞考」。そしてその真淵の祝詞論は、わが国初の古典祝詞論でもあった。

なお、わたしと真淵との出遇いの契機となったものこそ、この真淵の古典祝詞論なのである。

この五つの「考」こそが、わたしが「真淵思想五部書」と呼ぶところの作品群にほかならない。文意考、書意考、語意考などは、これらのうちに包摂されるであろう。

ところが、かなしむべきことに、このどれ一編も、現代の一般読者には開示されていないのである。つまり、容易にそれを読める文化的環境が整っていない。単行本はおろか、文庫や新書ですら、手にしてみる機会を奪われたままの状態だといって、過言ではない。

これは――この不当な忘却、完全な無視は、いったいなぜであろうか。

わたしは、いま、この「真淵五部書」をもって、文庫でも新書でもいい、しっかりした解題をほどこして、真淵選集を編み、近世古典としてぜひ、出版するべきだと考えるものである。そうするほかに、この真淵をめぐる閉塞状況を打破し、アカデミズムの外側へ引っ張り出す手立てはないのではあるまいか。どこかに、素心の思想家賀茂真淵の、歌学と古学を深く愛惜する者は、いないか。

三、真淵的世界の構図

すでに、経歴編において真淵の現実の人生――実在的世界を素描して、かれの歌学が生まれ出る土壌を訪ね、ことば編においては、真淵の諸作から断片的にことばを抽出しながら、真淵のいわば認識の国の在りよう――古学＝理想的古代主義、詩的言語としての万葉の世界の宣揚のさまをみて来た。しかも、この「真淵における実在と認識」は、まさしく真淵的世界として、全き一体を成しているのであった。

五十歳までの、悲嘆と苦悩に充ちた幾多の人生経験と、それ以降の真淵五部書に代表される言語活動――その遅咲きの花に似た目覚ましい表現者としてのすがた。このふたつを一如たらしめているものは、なんであろうか。

それは、いつしかかれに備わった、村岡典嗣のいう「哲人的風貌」というものであり、長年培った、歌をめぐる思索の深さ――わたしのいう「詩人思想家」としての表現者の顕ちすがたにほかならないであろう。つまり、いうにいわれぬものが、構図の中心に存在する。理屈じゃない、すっくと人格が立ち上がってきた、とでもいうほかないということである。わりなきおもいとも、かなしみとも、真淵はいっている。そして、「ただ何事も、もとつ心のなほきにかへりみよ」と説いた。

　この「もとつ心」すなわち素心こそが、真淵的世界の構図を、垂直に貫いて走る中心線である。真っ直ぐな、素のこころ――物事はすべて、ここに、照らし、ここに立ち返ってみるべきである。人間形成の「出で立ち」から「還り行き」までを包摂して、経験の国をほんとうに支配し、貫いているのは、これではないのか。そういう素朴すぎる心理が、真淵的世界を覆っている。かれの農本的な自然観や、理想的な古代主義の考えを、根っこで支えたものは、この素心へのかぎりない信頼であった。歌でいえば、古今・新古今的な、理知技巧に走った後世風を排して、どこまでも万葉に還れ、という万葉主義の主張となった。儒教的倫理の縛りを嫌い、むしろ老子の、無為自然――為す無くしておのずから然る、という宇宙へ飛び立とうとしたのである。

「ひとは、ひさかたの天に孕まれ、あらがねの地に生まれ」（「野原りよ祭文」）と、真淵はいう。そして、そのことわりを知ったならば、ひとは、安んじて死んでゆけるともいう。ただ、あとに遺された者は、まだこの世になおも生きつづけねばならぬ。それは、かなしいことだ――しかし、真淵は死後の霊魂の行方について、さほどおもい悩んだという形跡はないといってよい。それを深くおもったのは、真淵の門人のまた門人、すなわち平田篤胤であった。

　真淵の死生観は、鴨長明のゆく川の無常とも、芭蕉の枯野の夢とも、西行の花の下の死とも、近松の心中の道行きとも、ちがっていた。かれは、自然の草木が枯れ萎むように、ひとも死ぬのであると、ただそう考えただけではなかったろうか。そんなふうに素朴に考えていた節がある。むしろ、草木よりも虫けだものよりも人間のほうが劣った存在であるとまで、考えた（「国意考」）。真淵のこころの底を、どんな風が吹いていたのであろうか。

汝《いまし》そもなにしにこの世にきたりしか顕《うつ》し身さぶく秋風ぞ吹く

これは真淵を読んでいて、あるときふとできた拙歌であるが、顕し身、現し身はどこまでいっても寒い。といって、幽り世＝あの世が懐かしい、とまではおもわない。ただ、生まれたばかりの身の温かさ、こころの素直さくらいには、せめて立ち返ることができるのではないか。そんな素心はどこにあるだろうか。どこまでも、いにしえの世のひとの「うた」のなかならば、それがまだいきいきと生きて息をしているにちがいない。かれの理想的万葉主義もまた、そうして形成されたのではないか。

真淵の、発展してやまない、未完の大器というべきおよそ七十三年の生の展相は、単純な構図になど表わしようもない、豊饒《ほうじょう》な震え・揺らめきに充ちている。それを承知であえて図示を試みるならば、たとえば「真淵的世界の円錐の図」とでも名付けるべき、次頁のような図が、霧が晴れてしだいにすがたを現してくる森の奥の湖のように、わたしの前に表情を湛えて浮かんでくる。

――真淵的世界の円錐の図――

生涯

- 遠州浜松にて生誕（元禄 10 年・1697）
- 27 歳　先妻の死
- 31 歳　長男の誕生
- 36 歳　実父の死、上京
- 37 歳　師・荷田春満に就く
- 40 歳　春満の死
- 41 歳　江戸出府
- 49 歳　実母の死
- 50 歳　田安宗武に仕える　和学御用掛となる
- 55 歳　後妻の死
- 60 歳　野原りよの死
- 64 歳　隠居
- 67 歳　宣長に会う（「松坂の一夜」）
- 68 歳　「縣居」をつくる
- 73 歳　江戸日本橋浜町にて死去（明和 6 年・1769）

浜松在郷期〈出で立ち〉

京都遊学期・江戸彷徨期〈踏み迷い〉

江戸任官期〈知り覚え〉

江戸隠居期〈還り行き〉

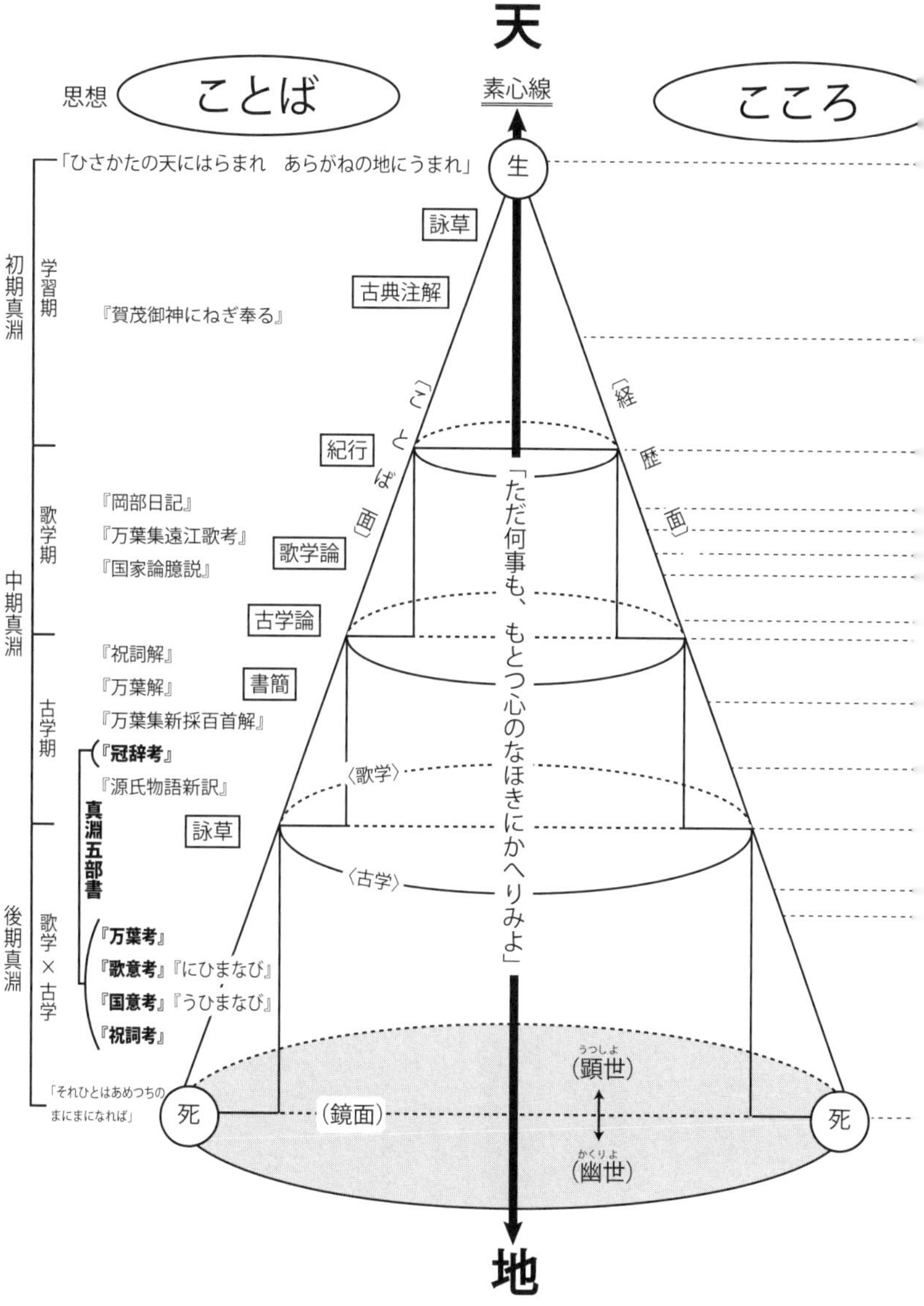
天
思想
ことば
素心線
こころ
「ひさかたの天にはらまれ　あらがねの地にうまれ」
生
初期真淵
学習期
詠草
古典注解
『賀茂御神にねぎ奉る』
〈ことば面〉
〈経歴面〉
紀行
中期真淵
歌学期
『岡部日記』
『万葉集遠江歌考』
『国家論臆説』
歌学論
古学論
「ただ何事も、もとつ心のなほきにかへりみよ」
古学期
『祝詞解』
『万葉解』
『万葉集新採百首解』
書簡
『冠辞考』
『源氏物語新訳』
〈歌学〉
真淵五部書
詠草
〈古学〉
後期真淵
歌学×古学
『万葉考』
『歌意考』『にひまなび』
『国意考』『うひまなび』
『祝詞考』
「それひとはあめつちのまにまになれば」
死
（鏡面）
（顕世《うつしよ》）
（幽世《かくりよ》）
死
地

第四章

出会い編――真淵とわたし

一、古典古代へ還る道

※本稿は、平成八年の神社本庁設立五十周年記念懸賞論文応募の際に書き起こしたものである。

はじめに――折口信夫のある苦言に触れて

わたしは、関西は阪神間の、小さな神社の神官である。神職歴二十五年、五十三歳。祖父、父のあとを継いだ三代目の宮司だ。

というのも、こうしたわたしの神職としての現状は、かなり一般的かつ平均的なものとおもわれるので、最初に自己紹介をしておくのである。奉仕するお宮には特別めぼしい由緒や特殊神事はなく、宮司としてなんの著しい活動も業績もあるわけではない。ただ、身過ぎ世過ぎのために社務所に住まいし、神事に携わっている。わたしはそういう一介の神官であり、また、お宮はどこにでもある都市部の一小社にすぎない。

さて、こういっておいた上でだが、わたしはこの自己の置かれている現状と、そんな現状に甘んじている自己の神職としての在り方にたいして、じつは大きな疑念と不安の念を抱いている。そして、それはなぜなのか、どこからこの疑念と不安は来るのかということを考えない日はない。

古い話であるが、昭和初年代に刊行された折口信夫の名著『古代研究』民俗学篇のなかに、ほかの諸論稿——あの「妣が国へ、常世へ」などとは、かなり趣のちがったひとつの文章が入っている。それは大正十一年の「神道の史的価値」という堅苦しい題がついている短文だが、読んでみると、これが驚くほどおもしろい。おもしろいというのは、じつは、神職とか神官とか神主とか呼ばれる者、すなわちわたしのような職分の人間にたいする、目も覚めんばかりの痛烈な苦言に、この一編は充たされているからだ。

たとえば、神職に向かって「世間通になる前に、まづ学者となって頂きたい。父、祖父が、一郷の知識であった時代を再現するのである」と呼びかけている一節が、まずわが胸を鋭く射抜く。これは、諸々のややこしい人間関係や旧態依然たる「村」意識に悩み、ただでさえ一般の暮らしぶりからみれば一種特別な職業・家柄である社家として、なんとか世をわたっていかねばならぬ者に、誤解を招きやすい提言である、といえよう。しかし折口信夫は、つづけてこう述べる——

（神職としての）信念の基盤には、どうしても学殖が横たわって居なければならぬ。揺らぎ易い信念の氏子にすら気をかねて、諸事遠慮勝ちに卑屈になって行くのは、学殖という後楯がないからである。

神に関した知識の有無は、一つ事をしても、信仰・迷信と岐れて現れる。

ここでかれが学殖というのは、自分の神社の由緒、ご祭神の由来や出典、はたまた神道概説の知識のことではない。神に関するそれのことだ。だから折口信夫――詩人・歌人であり、民俗学者である、この天才的国学者はいうのであった。「我々の望む所は、批判に馴らされた直感である、…とっさに真偽の判断の出来る直観力の大切さが、今こそ、しみじみと感ぜられる」と。神主よ、本を読んでください。下手な知識を仕入れるためにではなくて、神を感応する力を身に備えるために――こうかれはいいたいのである。

戦後半世紀の後に――先代宮司のひとつの事例から

村岡典嗣によれば、「神道を学問的に定義すると、太古以来存在し、儒教仏教耶蘇教等の外来宗教に対立し、それらと交渉し、それらの影響下に変遷し来った我国固有の宗教と言ふべきである」（『神道史』昭和四十九年）というから、神道の歴史は太古よりはじまるのであろう。それが上世（奈良期）中世（平安～室町期）近世（江戸期）そして近代（明治～昭和戦前期）と流れ下るなかで、しかし最も悲劇的な試練の経験を身に受けたのは、おそらく昭和二十年の太平洋戦争（第二次世界大戦）の敗戦を前後する時代であるにちがいない。

そしていまや、それから五十年という月日が経過した。時代は明らかに廻り、社会はめくるめく変貌の唯中《ただなか》にある。わたしたちの神社は、正月初詣の大勢の参拝者で賑わいつつも、神職は、この歴史の容赦なき経緯《ゆくたて》のなかで、ふたたび新たな問いの前に、裸で立たされているのではないだろうか。わたしたちの神社、神職という仕事の上に、はたして真に豊饒な未来はあるのか。

わたしの目の前に、いま、先代宮司（父）が遺した「社頭講話録」という古い分厚な綴りものがある。粗末なザラ紙半分に、ガリ版で刷ったもので、それは昭和十九年十月二十六日から二十年六月二十八日までの毎日と、昭和二十一年一月二十一日から十一月十六日までの「一」と「六」の日の総計二百十五回、父が自社の拝殿で実施した参拝会における講話の記録である。ほかに類例があるかどうか知らないが、あの未曾有の歴史的転換期の唯中《ただなか》を、一神職として父がなにを考え、願い、実践したか。どう生きたか、もしくは死んだかの、いわば思想的遺言と呼んでよいものだ。父は戦後の分の抄録は、のちに公にしたが、しかし戦中の講話はついに公表することはなかった。それは、「どれひとつとして胸のうずくような後悔と悲哀を伴わぬものはない」と、後年に父自身が述べているたぐいの内容のものであった。

昭和五十二年に六十五歳でその父がなくなったとき、わたしは父の遺稿集三巻を編集して世に出したが、そのときも、考えあって、この講話録は入れなかった。歴史の「汚点」をもみ消すためにでも、父の名誉を守るためにでもない。ただ、あまりに、かなしかった。なぜならば、この「社頭講話録」こそは、父の生涯に唯一冊の悲劇的傑作にちがいない、と直感したからだ。しかも、これを公表するには、当時のわたしの力量が不足していたのである。

わたしのいいたいことはつぎのようだ。戦後五十年をすぎた現在、ようやく、地味で真摯で愚直な、かかるひとりの神官が綴った文章、戦中の埋もれた記録のようなものも、できるかぎり公表されなければならない。このことである。※補注1

講話録のなかから、試しにひとつだけ、全文を引いてみる。「あゝ　神風特別攻撃隊」と題されている――

慷慨死に赴くは易く、従容死に赴くは難し。古来危急の際に臨んで勇猛決死の働きをしたひとは数多くある。しかしその多くは咄嗟の憤激の勇であって、冷静周密な思慮や計画を伴うものは少ない。わが神風特別攻撃隊の諸将士は最初より絶対に生還を期することなき必死隊として、着々猛訓練にいそしみ、今回の大戦果を挙げて、身は護国の鬼と化したのである。しかも、これらの若桜は「敷島隊」に続いて「万朶隊」「大和隊」「菊水隊」「梅花隊」というやうに、日本人にゆかり深い隊名をそれぞれ負ふて、すでに続々と出動し、またつぎつぎに出動せんとしている。あゝ、この壮烈なる大事業の前には、世界の何人と雖も唖然として形容の言葉すら発し得ないではないか。じつに三千年の光輝ある国体の歴史はここに結晶して、万朶の花と咲き出でたのである。われらの護る国土は、また、われらを生み給ひしと同じ神々よりうまれたものである。即ち血肉の関係にある。この国土を侵さんとする米鬼に対して、神の御裔たる天皇陛下は宣戦の大詔を発し給ふたのである。今や皇国は危機一髪の厳頭に立つの秋、ここに秀でては富獄となり、凝っては百連の日本刀となり、或は発して万朶の桜となる。伝統の正気は、ここに爛漫たる花を一時にひらいたのである。この必死必殺隊のあるかぎり、わが国は必ず勝つ、断じて勝つ。あゝ、われらは、この神風特攻隊の鈍忠に頭を垂れ、日夜に己を省み、働き抜き、勝ち抜こうではないか。

自分の身内ながら、名文というべきか、昭和十九年十一月二十六日、参拝者に配った一枚である。父、三十三歳の秋であった。

父の実践、わたしの実践――読書会の試み

ところで戦後、応召を解かれ故地へ戻った父は、神職としてふたたび動き出すときに、神社総代会のなかに文化部をつくって「日曜学校」や「芸能まつり」をやり、やがて保育所（のちに幼稚園）を創設してその園長の任についた。新制の公立中学校の教壇にも立って、新生日本の若者を育てる道を歩いた。こうしたなかで、しかし父が最もこころ愉しみ、かつ永い年月持続して行った活動がひとつある。読書会である。

種々やったようであるが、なかでも、日曜の午前に、早朝の境内・社殿の清掃からはじめて、数人の同志同好の者と古典や現代の諸書を読むひとときなどは、父の至福のときであったにちがいない。父は、死ぬまでこれをつづけた。そして父亡きあとは、わたしが月一回の「耕人読書会」というのを数年継続した。「耕人」は父が出していた個人誌の名前であった。また、わたしは神道青年会において、自分が会長を務めた期間、「神青読書会」というものをつづけた。この「神青読書会」は、尼崎市内の神職相互の研鑽を主眼としたものであったが、どんなことをしたのか、すこし語ってみたい。

その前に、地域のひとびとにたいする教化活動――啓蒙と広報の活動としてわたしたちの会が実践したひとつの事例について述べたい。

それは、『尼崎神社あんない——市内六十六社のしおり』（昭和五十六年）という冊子をこしらえたことだ。一ページに一社ずつ、本務兼務の別なく、新たに写真を撮り、由緒を記し、案内地図を入れた。A５判九十四ページの小冊子であったが、たしか四千部刷ったのが、たちまち売り切れた。予想外の好評で、増刷したのちも、十年間求めるひとが絶えなかった。これは情報として、かかる書物がこれまで皆無であったからだろうとおもわれた。※補注2

さて読書会であるが、わたしたちのやったことは、もとより、小さな畑でちょろりと動いてみせたおたまじゃくしのようなものにすぎないけれども、その開設の辞にわたしはこう述べている。

…会員相互の研鑽を積むことを主眼として、神道思想関係を中心テーマとしつつ、やがて現代の一般教養にも及ぶ内容の読書会を持続的に行うことになりました。このたびの企画は、神社参拝・祭式衣紋講習等の従来の諸研修に加え、むしろその根底を自ら支えるべく、われわれの職業の精神にいっそう深く関わる領域における研修を行おうとする試みであるわけです。当然、ささやかな規模と貧しい力量でもってかかる試みを敢えて為すことに、どれほどの意義・内実を込めうるか、不安がないわけではありません。しかし、事を起こすに小を恥じてはならない。そして世の事業には、空の空なる事業というものがあります。…

こうして昭和五十四年の秋、毎月第二、第四月曜の夜七時から、会員の各神社を会場にして、この読書会ははじまった。ほんの数人の集まりであったが、輪読したテキストだけでも挙げておけば、先に引いた、村岡典嗣の『神道史』（創文社、昭和三十一年）を皮切りに、

西宮一民校注『古事記』（新潮古典集成、昭和五十四年）
斎藤茂吉『萬葉秀歌』（上下巻、岩波新書、昭和十三年）
青木紀元『祝詞』（桜楓社、昭和五十六年）
本居宣長『うひ山ぶみ　鈴屋答問録』（岩波文庫、昭和九年）
柳田國男『先祖の話』（筑摩叢書、昭和五十年）

――これらの本を約四年半、百回かけて読んだのである。

そして、開幕の辞では、「ひとりのひとの貌のようにひとつの作品がみえて、一冊の本のようにひとりのひとが見え出したら、そこからが真の〈読書〉のはじまりである」などと述べているが、わたしたちのとても楽しく清々しいものであった読書会の経験は、しかし、地の底深く埋まり、湖深くしずかに潜蔵されてこそ、真の経験となるのであろう。

教化活動といえば、どこか広く浅く外向きに拡がるもののごとくであるが、事、精神の国の風景に関するかぎり――歌うのであれ、語るのであれ、あるいは理《ことわり》を述べるのであれ――事情は、もっと孤

独の闇をくぐる。つまり、わたしのいいたいことは、人間の闇や不幸の奥底から湧き出る力、危機・極限の底の力によるのでなければ、折口信夫のいう「神職の信念の地盤」なんぞというものは、断じて生まれはすまい、ということである。そこを閑却して、いくら祭式が整い、祝詞が詠めて、氏子ともうまくやっていけ、生計が立ったとしても、その実、ただ、むなしいばかりではないか。

阪神・淡路大震災と神社——被災地からの発想

危機もしくは闇の奥底の力、と書いた。それでおもい合わされることがある。ひとつは、先に父の事例を引いたが、戦争体験ということである。もうひとつは、去年平成七年一月十七日、あの払暁の闇のなかを襲った大地震の被災体験のことである。

そしておもえばこの両者のあいだには、奇しくもちょうど五十年という年月が横たわっている。五十年といえば、浮薄な表皮はすべて洗い流し、歴史・文化の古層を、地中深くから露出せしめるに充分な時間の経過を意味するであろう。ひとの世代では、二代ないし三代が折り重なりうる幅である。この事実は、大きい。祖父母からおのれへ、おのれから子や孫へ——記憶と忘却、批判と継承、伝統と現在のはざまで揺れ動く時代の波頭は、はたしてなにを、どう未来へと運ぶだろうか。

わたしは、じつはこのころ、ほかに痛切な身辺の出来事もあって、しきりにそんな想念を抱いていたのであった。そこへ、突如としてあの大震災が来た。わたしの奉仕する神社は、ご本殿をかろうじて残し、社殿が悉く倒壊した。狭い境内は瓦礫の山と化した。阪神間に鎮座する神社は、皆、大なり小なり同様の被災を受けた。かたちあるものはいつかかならず悉く崩れ去る。これはだれしも知っている。けれども、いつまでも建っているのものとばかりおもい込んでいた自分の神社の本殿拝殿、摂社が、鳥居灯籠が、社務所手水舎が、わずか十数秒の大地の震動のなか、みるみる崩壊するさまを眼前にしたわたしたち被災地の神職の驚きは、甚だしかった。心身に巨大な衝撃が走った。

このことは、これ以上は述べることをしない。ただわが社では、粗造りの小さな仮拝殿を拵えて、そこでかろうじて神事を斎行する現在であることをいうに留めたい。しかし、文字どおり山なす瓦礫と化した社殿を打ち眺め、つぎにはトタン屋根の上を鳩がカツカツと歩く仮拝殿をしみじみ眺め、そうして大震災後一年余りのあいだにさまざまなひとのことばを耳にして、神職としてわたしが考えたことがある。それは、つぎのような事柄である。

一、「神殿」は、はたしてほんとうに必要なのか。
一、「神職・神官・神主」とは、どういう社会的職分なのか。
一、「氏子・氏神」とは、どういうことか、いったいだれのことか。
一、「鎮守の森」は、いきいき生きているか。

わたしは、少なくともこうした諸点をつくづく考えさせられたのである。もっとも、こんなことをいうと、そんな疑念を抱くのは、それこそお前に「神職としての信念の地盤」が欠如しているからだ、とたちどころに反論されそうにおもう。あるいはそのとおりであるかもしれぬ。だが、荒涼とした瓦礫の山の前に幾日も幾夜も立ち尽くした被災地の一神職として、この余りにも直接的で、青臭くて、しかしそれゆえ根源的だとおもえる問いの前に、事実、わたしは否応なく引き出された。

例えていえば、教会はなくともキリストは在る。寺院はなくとも仏は在る。そのように、社殿はなくとも神慮は明らかめられる。そうでないのか。神職とは一職業の名前にすぎず、神官といっても、戯画化していえば、狩衣を着た猿にほかならないのではないか。それに、地縁・血縁共にきわめて希薄ないまの時代にあって、氏子とか氏神という存在は、宙に浮いたものなのではあるまいか。そして、あの激震に遭ってさえ、境内の樹木はびくともしなかったが、その鎮守の森は、地域住民にとって、いかなるものと認識されているのだろう。ほかはいわない、わたし自身はこの気持ちである。そしてしかし、とにかくここから出て立つ力、再度、出発する底力を得ることだ。

そこで、わたしはこの再出発の底力を、いわゆる世間智の蓄積・活用の道よりは、むしろひとつの大きな迂路を採って、遠く古典古代へ還る道の上にこそ求めたいとおもう。

しかしここにいう古典古代とは、いうところの古神道や、単純無雑な自然のふところのこととはかぎらない。また、それはかならずしも歴史年表の上の古代とか古典時代を意味しないのであって、わたしがこの語でもってイメージしたいのは、端的にいって、国学のことである。国学とは、いうまでもなく主として江戸期における学問の仕方の、著しいひとつの系譜である。※補注3 それは契沖あたりから起こって荷田春満、賀茂真淵、本居宣長、平田篤胤らに継承・展開し、古代主義的な、独自な風貌の物の見方を表した、一個の巨きな古典学――いにしえの道の思想のことを指す。わたしのいう古典とは、この意味での古典であり、古代とは、あたうかぎり近代が還りゆくべき理想の国のことである。

だからこれを、ひとつの理想的古典主義と呼んでもよいが、わたしにはこの国学の窓が、非常に魅力的にみえる。この窓からは、きっと世界がよく視えるという気がする。そして世界とは、とりあえずはわたしたちの神社界のこととしてもよいし、また、広義に天地人生、宇宙万物の謂としてもよいだろう。

もっとも、浅学非才のわが身を棚にあげて、わたしは、国学の窓、などと調子のよいことばを口にしているだけかもしれない。けれども戦後半世紀以上をすぎて、現在のわが国の民情はどうか。翻ってわが神社界ないし神職はどうか。

ひとの耳目に著しい大事件やニュース——たとえばオウム真理教事件、学校の子供の「いじめ・自殺」、金融不安や政治不信、自然災害等々……に立ち現れている現代日本の現状は、それをみただけで、いのち衰える世のように感じられて仕方がない。これは、わたしだけのことであろうか。しかもここにおいて、最後に函の底に残る「希望」があるとしたら、それはわたしたちの職分にあっては、ほかのどこでもない、国学を学び直す道、すなわち古典古代へ還る道の上にこそ、存在するのではないだろうか。わたしの危機意識の原点はここにある。

学ばねばならない。そして、どこまでも還りゆかねばならない——もうひとつの新生を求めて。祖父の世から受け継いだ血と実践の、これまで述べてきた事例の、その先へと。そのことのために、話はごく簡明なのだ、簡素清潔で太い柱の社殿をやがて再建し、それが成ったならばそこにおいて、小なりといえども、同志の者と国学を読むような、そんなひとつの精神の伝習所を築きたい。

じつにささやかで地味な夢である。実効のあがらない活動である。やらねばならぬことはほかに多々あろう。が、わたしが腹の底からやりたいとおもうのは、これしかないのである。「人間僅か五十年、人生七十古来稀、なにか腹の癒える様な事を遣って死なねば成仏は出来ぬぞ」とは、かつて吉田松陰が門下に書き送った手紙のなかの一句である。たとえひとりだけでも、なにか腹の癒えることをやりたいとおもうのである。いわゆる「学者」になるのではない。ただ、いまよりも身の立った、ましな神官になるのだ。すべてはそこからであろう。

これが、わたしの認識である。そしてそれはやがて、はじめに掲げた折口信夫の、あの鮮烈でいまもって本来的な忠言にたいする応答ともなるのでなければならないとおもうのである。

ときあたかも神社本庁設立五十周年を期して、「わたしの実践したい教化活動」「神社界へ提言したいこと」というテーマで論文が募集されていることを知り、最近おもうところをまとめてみる好機と感じて、不備ながら書いた。かかる機会が与えられたことを喜ぶとともに、ここに述べたことの実現に向けて進んでいきたいとおもう。※補注4

——平成八年春・稿

※補注1　ここに引いた「あゝ　神風特別特攻隊」を含む父の社頭講話は、のちにわたしの編・解説で『戦中講話——ある神官の戦争』と題した冊子としてまとめられた。四六判、一三五ページ、私家版、平成二十一年刊。講話全百五十九回のうち、約三分の二を抄録したものであった。父の存在を思想的に「全否定」するところから出発した、兄・上村忠男は、みすず書房の月刊「みすず」（平成二十二年一、二月合併号）の「二〇〇九年読書アンケート」にこの『戦中講話』を五冊のうちの一冊として取り上

げ、思想史家の立場からつぎのように述べている――「著者はわたしの父である。神官であった。その父が先の戦争中、みずから宮司を務める神社で毎日行っていた必勝祈願日拝会での講話のための謄写版印刷物をわたしの弟が編んだもの。おそらくは戦争中に自身もまた死地に赴こうとしながら、果たせずに戦後まで生き延びてしまった父の心情が思いやられる」。兄が父のことにふれてこうした場で語るのは、きわめて珍しいことである。

※補注2　この『尼崎神社あんない』は、その後、後輩の若手神職の手（兵庫県神道青年会尼崎市支部）によって、阪神・淡路大震災後の状況の変化を踏まえて、平成十三年に改訂版が刊行されている。

※補注3　この論考を書いたころのわたしは、いまだ、「国学の系譜」もしくは、系譜としての国学という考えの範囲内で真淵をも、把握していたのであるが、二十年が経って、真淵は真淵で独自に読むべきとのおもいが強い。こんどの『真淵』はそういう新たな視点で書かれている。

※補注4　この論考は、「神社新報」第二三六九号（平成八年六月十日）に掲載。『神社本庁設立五十周年記念「神社関係者懸賞論文」入選論文集』（神社本庁・平成九年七月）に所収。総長賞受賞。のち『須

佐男神社震災復興記念誌—被災から復興までの四年間の記録1995-1999』（水堂須佐男神社震災復興実行委員会・平成十一年）にも所収。今回この『真淵』を書いて、この「古典古代へ還る道」という論考がわたしの震災後の歩みの大きな出発点となり、またわたしはこの危機のころにこそ、真淵と出遭う機縁がはぐくまれていたのかと、あらためておもい知らされた。

二、真淵をよむ日々（詠草百首）

〈真淵の故郷浜松を訪ねる〉（平成二十九年四月二十二日）

春おそき佐鳴《さなる》の湖《うみ》の薄曇り若き真淵の憂愁のいろ

〈真淵とわたし〉五首（五月二十日）

國學院の庭に真淵は居らざりき吾れ若くしてするどく痩せたり

もの皆は野を吹く風の自然にかへれと江戸の真淵は述ぶるにあらずや

時世へだて社家の次男と產《あ》れ初めて真淵とわたしどこぞか似たる

直感であなたが好きと決めたれば真淵まみれの道まつしぐら

つひにしてこのいちにんと相遇うか詩人思想家賀茂真淵と

〈神道文化賞受賞〉二首　（五月二十六日）

やうやくに真淵読まんとする吾れに神道文化賞授くといふも

父いませば神道文化賞まづ見せんを父逝きすでに四十年かな

〈東京に真淵の史跡を訪ねる〉三首　（五月二十七日）

初夏の陽に東海禅寺の坂のうへ登れば大き真淵の墓は

真淵さん、逢ひに来ましたよと言つてみる青紅葉の影揺るる墓前に

江戸の世に真淵も宿借るゆかりあり神田明神オオナムチ祀る

〈信綱短歌祭表彰式〉二首（六月十日）

信綱に「真淵と宣長」あることも話題とならず信綱短歌祭

信綱の作文あまりにうつくしく「松坂の一夜」伝説と化す

〈真淵全集〉（七月十八日）

酷暑なれば真淵全集持つてゆき喫茶店にて読む昼下がり

〈東北紀行〉三首（八月七日）

かみのやま温泉宿の茂吉歌の一字が読めず落ち着かぬかも

月山《がっさん》は弥陀ヶ原なる湿原に花はすくなく夏逝くらしも

旅ゆけば思念はるかに溢れしもけふはいつもの朝の食卓

〈真淵を思ふ〉二首（八月十五日）

詩のごとく祝詞《のりと》のことば立たしめむ願ひに真淵われを訪なふ

この一人《いちにん》と遇ひしとひとり思ひをれば夜更けて胸は熱くなりゆく

〈夏日境内〉二首（八月二十一日）

しゃんしゃんしゃんしゃん蝉鳴き交わし暑き日を鎮守の森に朝は来にけり

真淵論書けさうもなき夏盛り参道の石を蟻が出で入る

〈偶感〉三首（九月一日）

歌意考は吾がためにこそ書かれしかいちいち深くうなづく吾れは

老いさらばへ真淵読まむといまさらに吾が還りゆく道よいのちよ

汝《いまし》そもなにしにこの世に来たりしか顕《うつ》し身さぶく秋風ぞ吹く

〈つくつくほうし〉（九月七日）

夕さればつくつくほうし鳴き出でて不意にぞ秋に入り立つわれは

〈たまきはる〉二首（平成三十年一月十三日）

たまきはる命を惜しみ真淵読む日ごと言葉は刻みつけつつ

呼ばれゐしか夢に出でくるつぎつぎに皆死せるひとふかき冬の夜

〈立春〉二首（二月四日）

わが真淵ここに在りけりわれにしてやうやくここに真淵は顕《た》ちつ

四季はめぐり今年も白梅玄関の階段の傍へ咲き出でにけり

〈きさらぎ〉（二月二十八日）

きさらぎの晦日に産れし吾れなれば草木芽吹ける野にこそ立ため

〈ことば編〉（四月八日）

ことば編意訳つければいきいきと真淵は語るわれのごとくに

〈経歴編〉（六月十日）

真淵伝書けば真淵が傍らを顕《た》つて歩きし心地こそして

〈詩人哲学徒〉二首（七月二日）

若き日の透谷以来わが胸を「詩人哲学徒」いまなを去らず

七十をすぎて真淵と相遇ふも不可避の道と思ふわれかな

〈肺機能検査〉三首（九月十四日）

慢性の／閉塞性の／肺疾患の／聞いただけでも息が苦しい

肺年齢九十五歳以上とは衝撃ネ呟く妻の横顔見てる

酸素ボンベを着けず歩けるいまを保てと若き保健婦きれいに笑ふ

〈呼気吸気〉四首（九月十六日）

どれほどもあることもなきわが肺のこの世の息の吐きどころ

ひと息に息を絶つべき方途ありてひとのいのちのさびしさに棲《す》む

かなしみは秋野の風が息をするましてわたくしの呼気吸気

ひとの肺魚類のエラのメタモルフォーゼ死なば深海に棲《す》みて息せむ

〈夜〉（九月二十一日）

眠られぬ夜を秋虫鳴ひてゐるしきりに鳴ひて窓の外は雨

〈蔵書〉四首（十月七日）

活字読むこと難くなり蔵書みな無価値となりてわが身を離れ

もう本が読めぬ身となり積年の後生大事の本を売り切る

遠くとおく風景みつめわが生の還る道こそあるべかりけれ

視神経さへ蘇らせる医術あれわが眼球に間に合わぬとも

〈すすきが原〉二首（十月十一日）

すすきの穂まだ若ければ楚々として砥《との》峰《みね》高原雨ふりしきる

モノクロで夕暮れにある草撮れば楚々としてこそ草は顕つなり

〈砥峰高原〉四首（十月十八日）

砥峰の高原一樹が立つあたりすすきの穂波しろく顕《た》ちたり

すすき野に魚棲む川は流れたり高原に秋深まる一日《ひとひ》

すすきの穂しろく垂れつつ輝きぬ高原に陽はようやく落ちて

影となり日向となりつつ高原に日の暮れゆけばすすきは寂し

〈上高地〉四首（十一月二十二日）

神坐《いま》す如き雲間ゆ高き嶺雪をかぶりて群がり坐《ざ》す見ゆ

雲間より十一月の陽が射して光の林顕《た》つを見てゐる

また思ふまこと自然は人よりもうつくしきこと巨き山々

みすずかる信濃にしあれば上高地この峰々に祖母いますらむ

（信濃は祖母のふるさと）

〈奥琵琶湖〉二首（十一月十四日）

あわあわと近江の奥のつづらおの十一月の光の曲折

中世期の惣村のあと菅浦《すがうら》の里はひっそり廃屋の草

〈縣居―真淵晩年の家〉（十一月二十七日）

縣居《あがたい》の復元想像図目の当たり若き建築家の友のペン先

〈メタセコイヤ並木〉七首（十一月三十日）

十一月の近江のひかり吸い込んでメタセコイアの並木の黄葉

秋ふかきメタセコイアの並木道歩く二人をやわらかくする

天を衝きまっすぐ伸びる円錐のメタセコイアの居並ぶ形状

夕方の陽を浴びいよよ濃くなりぬメタセコイアの燃ゆる陰影

よい写真撮れたと思ひ充ち足りて今日一日を過ごすしあわせ

柿畑の柿は斜光に輝きて畑はひっそり静まれるかな

わが好む十一月が今年また逝くとし思《も》へば深き息吐く

〈よもつひらさか〉五首（十一月三十日）

汝そも誰《た》がひとゆえに息せしや父母恩愛をおもふ秋かな

終命の時は近づきつつあるをこのごろひとは百歳をいふ

階段と坂が難儀となりたれば杖つき越ゆるかよもつひらさか

秋ふかき街路はるかに六甲の山なみ濃ゆく紺碧に顕《た》つ

中学も高校も同窓会閉づといふ喜寿を迎へてこの秋さみし

〈双子座流星群〉二首（十二月十日）

活字読むは難くなりたり蔵書類ごっそり売りてわが身を離る

十一月の空過ぎ双子座流星群南天に光る師走となりぬ

〈写真〉五首（平成三十一年一月七日）

なんとなく身辺整理するやうなすこすこ寒き喜寿の春かな

万を超す写真ファイルに整理して自分史家族史地域史重なる

十代のなかばで写真撮りはじめいまやすつかりじいさんの趣味

半生のプロフィール重ね自愛なるクロニクルこそ編むべかりけれ

欠かさざる日記と写真織り交ぜて自記クロニクル成すも夢ならず

〈少年時〉二首（二月十一日）

氷一枚霜柱いっぽん雪さへも見ぬ冬となり物足らぬ世や

霜柱ざくざく踏んでタコを揚ぐ霜焼けの指不幸にはあらず

〈天才スイマー池江璃花子、白血病という〉三首（二月十三日）

『真淵』原稿校正すれど落ち着かず池江璃花子のニュースを見れば

現代の医療は進歩せしといへど本田美奈子を連想せし吾れ

吾れ老ひて涙もろくぞなりたれば涙なみだで画像滲みき

〈真淵〉二首（二月十四日）

字が読めぬと言ひつつなほも真淵読むたれか言ひけむ「業のごとき」と

眼を病みて本読むさへもむつかしく肺弱き身の歩行も難《かた》き

〈平成終る〉九首（二月十五日）

振り向くにちょうどよろしき年月ぞこの三十年をきみ記録せよ

長すぎず短くもなき三十年この春くれば平成終る

名に似ずて息苦しくも災禍多き平成の御代は過ぎゆきにけり

ちょうどいまワンゼネレーションを埋め来て戦争せざる平成が過ぎ

父も祖父も平成といふ時代を知らず明治大正昭和を生きて

赤ん坊が赤ん坊を産み壮年が後期高齢となり三十年かな

美智子妃の歌こそよけれ平成は災禍に塗《まみ》れ過ぎにかゆきし

平成を貫くものぞ美智子妃の歌はすつきりわが胸に題《た》つ

度重なる大震災の惨劇も平成刻む自然史とぞおもふ

〈時代〉四首（二月十七日）

パソコンもワープロさへも無き職場机上すつきり紙とペンのみ

ツイッターもブログもなにも知らずしてせっせと手紙書きし青春

日本語がどんどん書けぬ日本人義務教育で英語を習ふぞ

過ぎゆけば亡くしたものの大いさをおもふも老年のしるしなるらむ

〈『真淵』稿成らんとす〉（三月二十九日）

陣痛の厳しさ過ぎてわが真淵産《あ》れ初めてこそ読むに耐へたれ

〈やまぶきのはな〉（四月二十日）

宮の森やまぶきのはな咲き群れて稿成るあした春闌《た》けにけり

三、近世最高の歌学者へ（著者インタビュー）

――はじめに、本書を書き起こされたきっかけについて伺います。研究書の乏しい賀茂真淵のことを、アカデミズムを越えて若い世代にも残すべきだとお考えになったと本文でも書いていますが、ご自身が真淵に共感したこともやはり大きく影響しているのですか？

おっしゃるとおり、ぼくの真淵にたいする認識というのは、人間形成の過程に共感するところにある。そして、出遇いのきっかけは、なんといっても「祝詞《のりと》」だね。かれの「祝詞考」に沿うかたちで、ぼくも祝詞論を書いていました。そののち、真淵全集を読むにおよんで、すっかりかれの人間的魅力に惹かれてしまった。このひとはぼくのためにこそ、この世に生まれてきたんじゃないかと……

――賀茂真淵の人間形成の過程にあったのは、たとえば、家の商売か学問かを選択しなければならなかったことなどが挙げられますか？

ひとにはさまよう時期があり、それこそがそのひとをつくる土台となって、学問などはその上に存在している。この土台をしっかりとおさえる、これは時代を問わず、共通していえることだ。賀茂真淵は、出発して、さまよって、なにかしらを知り覚えて、そうしているうちにもう還る時期になっている。ぼくはそれがいちばん胸にきたね。学問というよりも、ひととしての魅力がある。歌学や古学のすごさはもとよりですが。

たとえば、本居宣長は、学者としての生涯をとげた。それはとても素晴らしいことだけれども、かれの諸作は、一般人にはすこしとっつきづらいところがある。学者連中は宣長にいくだろう。そういう点における真淵の位置づけは、はっきりとしないし、ぼんやりとしていてつかみどころがない。けれども、ずっと、生涯にわたって、書きつづけてなにかを問うてきた。展開してやまない途上のひとだね。そのプロセスのほうにぼくはとても魅力をおぼえる。

――たしかに宣長は、書斎派というイメージがありますね。

宣長は散文家で、歌も詠むけれど、学者の歌で、全然おもしろくないんだ。学問のことをただ歌にしているだけ。真淵のさらに前には、契沖がいる、ぼくと同じく尼崎生まれのね。かれは、宣長よりももっとコチコチのひとで、やはり歌はあまりおもしろくない。その点、真淵の歌は、宣長にくらべてあまり多くはないし、歌そのものも大したものではないかもしれないが、歌にたいする姿勢というものにいちばん惹かれたな。ことにも、歌学、歌論がいい。真淵というひとは日本最高の歌学者のひとりだね。

――上村さんご自身は、大学進学後、社会との関わりのなかで、ただ勉強するということに迷いがあり、在学途中で地元に帰ってきたと伺いましたが、賀茂真淵のことはそのころから?

いやいや全然、真淵との出遇いはもっとあとだね。本文にも書いたけれど、阪神・淡路大震災の翌年に、神社本庁が五十周年記念の論文を募集していて、ぼくもぎりぎりで応募した。この論考は、「古典古代へ帰る道」という主題で書き起こしたもので、おもいがけなく総長賞をもらったんだよ。そこには、先代宮司の父のこと、ぼくが神職としてどう生きていったらいいかということ、そして震災直後の話を書いた。当時、わたしが主になって、若手の神主連中で読書会を開き、柳田國男、本居宣長らの本を読んでいた。けれど、このころのぼくはまだ真淵自身を、いわゆる国文学、国学といった系譜のなかのひとりとしか考えていなかった。この論考を読んでいただければ、ぼくと真淵(にかぎらず国学）との出遇いというのがわかってもらえるとおもう。とにかく、ぼくが真淵にいたるのを予感させる内容なんだ。

神職にはそれぞれ事情があって、どうしても神社の経営や、身過ぎ世過ぎのことばかりに気がいってしまう。ただ、そうではなくて、すこし遠回りをして、古典・古代、ようするに江戸よりもっと前、万葉の時代にさかのぼって、神道に関わるような歌、古典なりを勉強するという道の方がぼくはいいとおもっている。いまいった論考には、そういうことも書いている。父のたどった神職としての歩き方、そして、あとを継いだぼくの歩き方がどのようなものであったか、震災復興もまだまだできていない時期、いろいろと厳しいことも考えていたんじゃないかな。そういった、これまで潜在的にあったものが、震度七の揺れで顕在化した。

――その論考では、さまざまな問題をかかえる社会のなかで、神職がいまどうあるべきかということを問うています。そして、実際にご自身も経験をされているからこそ、いまある神社と社会との関わりを、お父さまのことも絡めて書かれたということですね。

ぼくの場合、真淵の歌にしろ、国文学にしろ、同じ神職の生き方といったところにどうしても目がいくし、それを抜きにしては考えられない。そうしてみると、真淵というのは、ぼくによく似ている。神社に生まれて、次男で。真淵は、養子に出されたりして、自分自身は神職にはならなかったけれども、神職の友人はたくさんいたし、結局、そういう世界で生きたひとだったんだよね。後年に、かたちとしてはときの徳川幕府に雇われるような恰好で研究もしますが。

そういえば、本書が引用に用いた続群書類従完成会版の真淵全集をぼくに贈ってくれたのは、先輩神主で、尼崎の貴布禰神社先代宮司の江田政稔氏でした。あの阪神・淡路大震災が起こるすこし前のことです。ぼくは五十歳くらいだったか。その先輩は早くに亡くなってしまいましたが、こんどの本を、ぼくはこのひとの霊前に捧げたいくらいにおもっています。

――さきほどすこし話題に出ましたが、上村さんが学生時代に尼崎へ帰ってきたのは、どのような経緯からでしょうか？

自分で働かないで、親からお金をもらって、大学に行っているというのが耐えられなかった。吉本隆明ではないけれども、「〈生活者〉になりたい、ならないといけない」というおもいが強かったね。東京は空気が悪く、肺が弱い自分が生活する場所ではなかったし、そうなると、大学をやめて、東京をおさらばして、こっちへ帰って働くという道がいちばんいいんじゃないかとおもったんだ。そして実際にそうした。苦労して、心配の種の次男坊を東京の私学に進学させたのにと、親はがっかりしたとおもうけれども。

——その後のお勤めはどちらに？

大阪の教職員組合……の事務局。書記みたいなことをやっていたね。書記長もいて、職場のひとたちと一緒に団交（団体交渉）なんかも経験した。

——いわゆる専従の職員といった感じでしょうか？

そうそう。

でも、なんでそんなところで働くことになったかというと、そのころ、親父がちょうど公立学校共済組合が運営する病院に入院していて、隣のベッドに大阪府の教職員組合の書記長がいたからなんだよ。お互い教職ということで馬が合って、「じつは息子がぶらぶらしてんねん」という話になったんだとおもう。そして、隣で入院していたひとの弟もまた、吹田市の書記長だった。実際には、その弟のほうから「職場にポストがあるから」と紹介してもらって働きに出た。働いていたのは、一年くらいかな。病気になって、倒れて、血を吐いたから。

――体調を崩されたのは、仕事が大変だったからですか？

そういうわけではなかったけれど、もともと無理な生活をしていたんだろうね。休みになると東京へ行って、古本屋で本を漁っていた。好きな文学者の全集とか、神田へ行けばなんでも揃っていたしね。そんなことをしていたんだよ。

――組合というのは、日本教職員組合のことかとおもいますが、当時は、いまよりもずっと共産主義的な雰囲気がありましたか？

ぼくにはちょっとわからなかったな。わからなかったし、あまりそっちのほうに関心もなかったね。ただ、親父が縁のあるひとと病院のベットで隣になったという、それだけだった。もっとも、教育界というものに、ぼく自身、強い関心はあったけれど、とにかく働いて自分で稼いで生活することが大事だった。

――そこで「生活者」としての暮らしを実践していたと。

うん、毎日朝出かけて、通勤電車に揺られて職場へ行き、月給をもらって。この経験は非常に良かった。「ようやく自分で」という気持ちになった。ただ、すこしお金がたまったら、東京へ行って本を買っちゃうんだよね。

――「生活者」としてはけっこう贅沢な暮らしですね（笑）。

それもそうだね。ここ（神社）にいるから、家賃も食費もなにもかからないし、独身だったので、そういったところへお金を注ぎ込んでいたね。当時、吹田市教職員組合書記長（職場の長）は、ぼくの性情を見抜いていて、「あなたは、ここでずっといるようなひとではない」といって、文学同人誌とかグループを紹介してくれたりしました。

ぼくは、吉本隆明についてのは、文学者としての一面がいちばん好きなんだけれども、思想的にも「生活者にならないかぎり、なにをいっても力はないんだ」というのが身に沁みていました。そういう力強さがあのひとにはあるからね。詩にも文芸批評にも、それは肝に銘じてわかったね。これが、『芸術的抵抗と挫折』や『自立の思想的拠点』、そして『吉本隆明詩集』などの、初期の吉本隆明との決定的な出遇いだった。

――体調を崩して、書記を辞めたあとはどんな生活を？

また復学するねん。友人からは「日和見主義で欺瞞《ぎまん》だ」とはげしく批判されたもんです。

ある研修会で、山陰の隠岐島へいった際に、血を吐いてぶっ倒れた。医者には結核だろうといわれて、半年入院していたけれども、詳しく検査をしたら、気管支拡張症だった。どちらも症状は似ているんだ。ぼくは、もともと気管支の先が拡張していて、そこに膿がたまって、熱が出たり、血を吐いたりという症状がでていたらしい。そういったこともあって、しょうがないので――というのも変だけど、行き詰まって國學院へ戻ったんだ。

――病気で、働けないということもあったとはおもいますが、このころの心境はどういったものでしたか？

心境といえば、「ああしんどいなあ」という。どうしようもないという感じがありました。大学入学直後は、自分の虚弱体質を変革するべく、ワンダーフォーゲル部という、山登りサークルに入ったりしましたが、つづきませんでした。こんな身体ではなにをするにもつづかないし、どうしようかというような感じですね。かなりニヒルにもなっていたとおもいます。ただただ休息が欲しいと感じていましたね。いつもひどく疲れていましたから。

けれど、生きているかぎり、ほんとうの休息なんてありえない。「憂愁のニヒリスト」というのが、当時のぼくの自己規定でした。もっとも、ぼくは高校の終わりころからずっと疲れていて、荒んでいて、ニヒルを背負っていた。

二十三、四歳だったね。退院するころに、ぼくの最初の本となる詩集『帰命《きみょう》』を出した。組合時代の療養手当金を使ってね。それを読んだ高校時代の級友からは、「上村は自殺するんじゃないかとおもって恐ろしくなった」と後年に伝えられたよ。

二十六歳ころに結局大学はやめてしまうが、そのころには、最初の評論集となる『帰巣者の悲しみ』

を出した。そして、はげしい恋もした。

けれども、神職の資格だけはどうしても取らないと帰る面子が立たなかったから、國學院で一カ月あまりの講習を受け、資格の免状だけをもって帰ってきました。

――そして、神社を継がれることに？

一応、父親がまだ宮司としていたから、まずは禰宜の立場で一緒に仕えた。父が六十五歳で亡くなり、ぼくが三十四歳で宮司を継ぐまで、それがずっとつづいていたね。

――ここまでお話を聞いてきて、上村さんには、國學院で神職の資格を取るまでの時期にさまざまな迷いがあったと感じました。神職となったあと、その気持ちは落ち着いていったのでしょうか？

ふつうはなるのでしょうけどね。そうは落ち着けないところもあったね。

このころ、大学時代の終わりに知り合ったひとと、こっちへ戻ってきて結婚したんだ。いまいった「はげしい恋」の相手がそのひとです。それも結局別れることになるんだけれども。つまりは、こっちに帰ってきたときに気持ちにしっかりケリがついて、青春と決別できたらよかったんだけれども、そうはいかなかった。安定したら安定したで、落ち着いたら落ち着いたで、居つけないんだよね。

――真淵は二度の結婚をし、子を授かったあとに「学びの道」へ進むわけですが、そういったところも上村さんと重なりますか?

そうだね。真淵は妻子を残して京都へ出たあと、江戸で仕える。本書を書いていておもったんだけれども、そのあたりのことは、はっきりはわからない。なぜそういうことができたのか、周りがどう感じていたのか。

奥さんがよくできたひとで……というふうに美談にはできる。しかし、実際は、そんな美談ではないとおもう。浜松の本陣の婿養子だからね。つまり、きちんとした家で、大きな宿屋の後継ぎであったわけだから、いろいろあったとおもう。

ぼくのことをいえば、最初の妻と結婚したときは、「係累はいらない」という考えを抱いていて、子供はいなかった。詩と哲学に身を焦がすばかりで、両親の仕事(父は公立中学校の国語教師で、小さな村やしろの神主。母は私立幼稚園の園長)を継ぐということはたいへんな重荷だった。学年がひとつ上の兄がいたが、大学時代から東京に出て、そのまま学者・研究者の道を歩いたので、いきおい、次男のぼくが長男のような立ち位置になった。父の葬儀も、わたしが喪主になって出した。結局は、新たな伴侶を得て、やがて神主と幼稚園の園長と経営者（理事長）のすべてを継ぐことになるのだが、当時は大いに悩んだ。

――最近になって、江戸時代はもっと自由な時代だったと歴史観が変わっているとも聞きます。たしかに、真淵の人生をたどると、ずいぶん自由に生きていたのがわかりますね。

ほんとうにそうですね。社会そのものにゆとりというか遊びの部分、なんにせよすこし隙間があった。車のブレーキの遊びのように、社会そのものにもそういう部分があったんだと、ゆたかに存在していたんだとおもう。少々はぐれても、生きていける。そういう時代だったのではないか。

現代のほうが自由な時代といわれているけど、あんがいにそういうところは窮屈なんだとおもう。学校生活にしても、受験体制があって、そこに乗っからないとどうしようもない。いじめの問題もある。それは社会のゆとりのなさが原因だとおもうんだよね。

——ゆとりや遊びがあった時代、そのなかでは賀茂真淵のように散々迷っても、最後は幕府の要職につけるような道もあった。上村さんの若いころは、政治の季節ともいわれていた時代で、みんな社会にたいして鬱憤がたまっていたとおもいます。また、現代では、前述のいじめ問題などがあって、一見しずかにみえるようで、ちがうかたちで社会問題がたまっているようにもみえます。

上村さんは、いまよりも、ご自身の若いころのほうがずっとよかったとおもいますか？

阿久悠・森田公一の歌の文句じゃないが、「青春時代の真ん中は、胸にトゲ刺すことばかり」やな。いまの若い連中は早く大人になりすぎているとおもう。スポーツ選手でも、十代で素晴らしいスピーチをするひとがいる。ぼくらの若いころからはとてもじゃないが考えられない。それは飛び抜けたひとつの例だけれども、そうでなくても、ふつうに考えても、当時はもっともっと不器用で泥臭かったとおもう。

——最後に、本書を執筆されるに当たって、真淵について改めて気づかされたことはありますか？

ぼくは下手の横好きで、歌は早くからつくったりしていた。だけど、万葉研究をやるとか、現代短歌を学ぶとか、そういうことではなかった。ただ自分で、表現のひとつのかたちとして、歌をずっとつくっていた。そしてあるときには、歌集を出したりもした。その「歌」というものを、ずいぶんと根底から考えた人間なんだよ、真淵というひとは。

それに加え、物書きとしての過程や成り立ちが、自分によく似ているということも、真淵に惹かれる要因になった。真淵は七十三年の生涯だったが、ぼくも七十代なかばになって、ようやく真淵の大きさと、かなしみというものが了解できる位置に立てたという感想をもっている。真淵は厳《いか》しく雄々《おお》しき「ますらを」ぶりを強調しましたが、あんがい、ぼくのような弱い人間、どうしようもない人間の味方なんですね。思想の包容力の大きいひとです。

かれは、いわば未完の大器です。そして、おそらく日本最高の歌学者ではないか。少なくともぼくには貫之、定家、景樹、御杖、子規、左千夫、赤彦、茂吉……等々のだれよりもよくわかるし、親近感をおぼえる歌論の書き手だね。「万葉考」「歌意考」「うひまなび」――どれもすばらしい。これはなぜか。結局、真淵というひとの、古代主義を含めた人間性への信頼でしょうね。本書の経歴編とことば編を合わせ読んでいただければ、わかってもらえるでしょう。

ぼくも作家とか文芸評論家とかいわれるけど、あまりひととやりあうタイプではない。自分が気に入ったひとのことを書いたり、おもい入れのあるひとのことを書いたりするのはできるんだけれど、批判する文章はあまり書かないし、好きじゃない。だけど、評論家というのはだいたいそういうひとが多い。ぼくの同世代で若いころ親しかった者でいえば、柄谷行人《からたにこうじん》とか村井紀《むらいおさむ》。ある視点を定めて、それに準じて書いていく、すべての問題をそこへつなげて。それも気持ちいいんだけど、ぼくはそういうタイプじゃない。世の研究者、学者はこのタイプが多い。だから、きちっとはしているし、優秀なんだろうが、すこしも感動しないんだ。おもしろくないんだ。論争的な事柄が好きじゃないというのは、真淵も同じだとおもう。批判するように書いていても、いいんだよ、やわらかいんだよ、語りが。つまり、いいかえたら「豊か」なんだよ。やせ細っていない。だいたい、ポレミックな、論争的なことをやるやつというのはやせ細っている。その方が鋭いかもしれない。こう、スパッと切ってね、その切り口はいいかもしれない。その点、真淵は、ゆったりしていて、ぼやっとしているようにみえるかもしれない。でも、非常にゆたかさがある。そういうところが、文学的な思想家といった感じの江戸時代のひとのなかでも、真淵、かれこそがぼくのひとだなと感じさせた。これは、もう数年前からおもっている。

本書のなかでは、真淵のことを「詩人思想家」と呼んでいるが、吉本隆明ももちろんそのひとり。それから、吉増剛造という詩人がいる。このひとも詩人、まさに詩人、全身詩人ではあるけれど、どこか思想家的なところもある。ぼくの同時代でいえば、そういったひとたちかな。もうすこしさかのぼれば、北村透谷とか、西田幾多郎。西田幾多郎は哲学者で、むつかしい論文ばかり書いているようにおもうけれども、そうではない。歌がまたいい、短歌がね。すごく素朴で、まっすぐで、いいんですよ。さらには、詩人でいえば高村光太郎。妻の智恵子はかなしいが、光太郎はまちがいなく巨人、引き裂かれた巨樹です。そういうタイプの表現者、そういう人間に、ぼくは早くから憧れがあったな。

ぼくが北村透谷に出遇ったのは、二十二歳のとき。そのころからずっとある、自分の理想とする人間像——それが、近世においては賀茂真淵ということになる。

あとがき

本書は、わたしにとってはじめての古典論であるといってよい。明治以前の人物なり文学思想を取り扱うのは、はじめての経験だからである。それでなにぶんにも、不備や誤認、思い違いといったことも多々あろうかとおもわれる。その点、どうか独学者の性急、偏狭とおもってご寛恕願いたい。

ここに取り上げた賀茂真淵は、近世江戸の歌人、国学者であるが、なによりも一個独自の「詩人思想家」――詩的な文章を生き生きと駆使した、ひとりの歌の思想家である。荷田春満、本居宣長、平田篤胤と並び称される「国学の四大人」のひとりであるが、しかも、いまや顧みられることの少ない人物である。序に、「忘れられた詩人思想家」というゆえんである。

わたしの真淵論は、一貫してそういう視点で貫かれている。もうひとつ一貫しているのは、わたしがアカデミックな学者でなく、一介の現場の神職として、みずからの思索と体験から真淵の生涯と思想を探求しようとしたことである。そういうところは、たぶん類例がないのではないかとおもう。ただし、神職といっても、神道家というのではなく、歌好きで思索好きな文学青年がそのまま神主になったような者にすぎないのであるが。

一九七〇年、二十七歳のときに出した最初の評論集『帰巣者の悲しみ』にわたしは「人間をとおく去り、世界からとおく離れ、わたしはいま一冊の書物となってここにある」――そんな自己宣言ふうな言葉を書きつけている。それから五十年経つが、わたしの歩き方はすこしも変わらない。ただ、歳を食った。そしてわたしが抱懐する究極の、この世の願いという者の姿かたちが、しだいに明瞭になってきた。つぎのように——

病人という病人がいない世界
試験というものが存在しない世界
嫁姑（親子・兄弟）の諍いが絶えてない世界
自殺するものが存在しない世界

そういう場所にこそわたしは住みたいのであると、つくづくおもうようになった。もちろんのこと、そんな場所、世界はこの世のどこにも存在しない。だからそれはユートピアだ。しかしこのユートピアにすこしでも近づくことが、わたしの生きる意欲につながっている。真淵の理想的万葉主義や古典古代へ還る道を考え、探求するのも、この祈願の一環にほかならないと、わたしはおもっている。つまり、わたしなりの革命に近づくひとつの道である。わがユートピアの実現に向かっていく、遠白《とおじろ》い一本の道である。

本書の編集・出版に力添えをいただいた樹林舎の宇佐美紀人さん、そして校正部の皆さん、人間社の皆さんに心から御礼を申し上げます。浜松市立賀茂真淵記念館には、所蔵の肖像掛け軸や「万葉考」版本の写真を使わせていただいた。併せて御礼申します。なお、本書の挿入写真は、表紙カバーを含めてすべて、わたしが撮ったものです。「縣居復元想像図」は若い建築家の友人に、即興で描いてもらいました。「著者インタビュー」は、樹林舎の山田恭幹代表、宇佐美編集担当のふたりと、尼崎の自宅で語った内容に、わたしが補筆を施したものです。

いずれにもせよ、わたしには初の古典論の書き下ろし。まるで自信はないが、本文のなかでもちょっと触れたように、続群書類従完成会版の真淵の全集を配本時からわたしに貸し与えて、当人は還暦を見ずに癌であっというまになくなってしまった同郷の先輩神職の霊前に、貧しく、意を尽くさないけれど本書を捧げたい。「じっくりと古典が読みたい。でも、そんな日がぼくにおとずれるだろうか」といって、ふたりで語り合ったことが、いまさらのようにおもい出される。

平成三十一年四月二十日　　上村武男

著者略歴

上村 武男（うえむら たけお）

1943年兵庫県尼崎市生まれ。作家・水堂須佐男神社名誉宮司。
著書に『高村光太郎』『帰巣者の悲しみ』『吉本隆明手稿』『哲学徒と詩人』『西田幾多郎』『〈気配〉論』『梶井基次郎』『山陰を旅する人たち』（正・続）『春の欄干』『災害が学校を襲うとき』『生きる悦び　生きる悲しみ』『千鳥月光に顕つ少女』『歌集　かなしみの陽だまり』『ふかい森の奥の池の静謐』『遠い道程』写真文集『形なきものの影』。編著に『大正の小さな日記帳から』『父の肖像』『戦中講話』『尼崎の昭和』（監修）『尼崎の今昔』（監修）『尼崎市戦前教育史』『水堂幼稚園五十年誌』『水堂須佐男神社震災復興記念誌』『全記録わが町いまむかし展』。平成17年度尼崎市文化功労賞（文学）、平成28年度神道文化賞受賞。

真淵　ただ何事も、もとつ心のなほきにかへりみよ

2019年5月30日　発行

著　　者　上村 武男

編集制作　樹 林 舎
〒468-0052　名古屋市天白区井口1-1504
TEL: 052-801-3144　FAX: 052-801-3148
http://www.jurinsha.com/

発 行 所　株式会社人間社
〒464-0850　名古屋市千種区今池1-6-13　今池スタービル2F
TEL: 052-731-2121　FAX: 052-731-2122
email：mhh02073@nifty.ne.jp

印刷製本　モリモト印刷株式会社

ISBN978-4-908627-43-9　C0095

＊定価はカバーに表示してあります。
＊乱丁・落丁本はお取り換えいたします。